人文素质培养的策略研究

邵 阳 著

中国原子能出版社
China Atomic Energy Press

图书在版编目（CIP）数据

人文素质培养的策略研究 / 邵阳著 . -- 北京 ： 中
国原子能出版社， 2019.8（2021.9重印）

ISBN 978-7-5022-9977-4

Ⅰ．①人… Ⅱ．①邵… Ⅲ．①大学生－人文素质教育
－研究－中国 Ⅳ．① G640

中国版本图书馆 CIP 数据核字（2019）第 180462 号

人文素质培养的策略研究

出版发行	中国原子能出版社（北京海淀区阜成路 43 号 100048）	
责任编辑	杨晓宇	
责任印制	潘玉玲	
印　　刷	三河市南阳印刷有限公司	
经　　销	全国各地新华书店	
开　　本	787 毫米 ×1092 毫米　1/16	
印　　张	8.875　　**字　数** 194 千字	
版　　次	2019 年 8 月第 1 版	
印　　次	2021 年 9 月第 2 次印刷	
标准书号	ISBN 978-7-5022-9977-4　　**定　价** 58.00 元	

网　址： http://www.aep.com.cn	**E-mail:** atomep123@126.com
发行电话： 010-68452845	版权所有　侵权必究

前　言

　　人文素养是一个人综合素质的重要组成部分，同时也是个人在社会竞争能力方面的重点提升内容。随着时代的快速发展与日渐增强的竞争压力，人文素养已经成为人们关注的重点话题。

　　制约人文素养发展的因素如下。

　　（1）社会主流导向影响，学生忽视人文素养。市场经济的快速发展对社会价值观产生了重要影响，利己主义、拜金主义等负面价值观的有关报道并不鲜见。社会缺乏强有力的正面价值观的常态化引导，各种思潮不断冲击着学生们思想认识，造成思想混乱，导致在当今的社会主流的影响下，更少的关注自身的人文素养的培育。

　　（2）课业负担较重，在人文素养的培养上有较少的时间和精力。当今对学生的培养中更加注重的是课本知识的了解、知识获得的固化，并产生了"题海战术""应试教育"等现象。在这种情况下学生们很难分出精力或拥有时间去进行人文素养的学习。这对学生们的人文素养发展带来了极大的制约，导致人文素养的缺失。

　　（3）家庭贫困，造成培养的缺失。良好的经济基础可以为个人的发展奠定良好物质基础，这不仅为个人的人文素养的发展提供了物质方面的学习材料，同时也在个人的成长过程中影响一个人的思维与行为。贫困家庭对人文素养培育花费的时间与精力较少，对个人的人文素养提升的重视程度较低，导致培养有所缺失。

　　本书分析了当今大学生人文素养的现状以及人文素养缺失的原因。并且针对当今大学生中出现的有关于人文素养的问题提出解决方案，为达到提升整体大学生人文素养水平的目的建言献策。

目　录

第一章 人文素质教育的现状及体系构建

第一节 人文素质教育所面临的问题及困境

大学不仅应该教给学生必要的现代科学技术和文化知识，以及应用现代科学技术和文化知识的能力，还要教会学生如何做人、如何思维。高等教育的人才培养要坚持"人文为魂"的教育理念。

百年大计，教育为本；国家兴亡，人才为基。国际上的激烈竞争，归根到底，是人才（特别是高层次人才）的竞争，是教育的竞争。高等教育是教育的龙头，高等学校是培养高层次人才的基地。

大学不仅应该教给学生必要的现代科学技术和文化知识，以及应用现代科学技术和文化知识的能力，还要教会学生如何做人、如何思维。我们要转变教育观念，改变人才培养模式，深化教学改革，而加强文化素质教育是其突破口之一。培养什么样的人，始终是教育（特别是高等教育）的根本任务。文化素质（特别是人文素质）教育有其特殊作用。

一、什么是人文素质教育

从生理学、心理学的角度来讲，素质是身来所固有的特征。后来素质的概念被泛化了，讲"素质"是指一贯具有的基本品质，或者说是潜能。素质是长期起作用的，要特别重视人文素质。汉语"人文"与"天文"相对，人文是指区别于自然现象及其规律的人与社会的事务，其核心是贯穿在人们的思维与言行中的信仰、理想、价值取向、人格模式、审美趣味，即人文精神。"人文"一词，在词典上界定为"泛指人类社会的各种文化现象"。中国自古以来有重视人文教育的传统。只有那些优秀的，能够升华人的精神，提高人的价值的文化才能列入人文教育的内涵。人心必须经过陶冶，才能不流于粗鄙。所谓人文素质，是指由知识、能力、观念、情感、意志等多种因素综合而成的一个人的内在的品质，表现为一个人的人格、气质、修养。人文素质教育，就是将人类优秀的文化成果通过知识传授、环境熏陶以及自身实践使其内化为人格、气质、修养，成为人的相对稳定的内在品质。人文素质教育的目的，主要是引导学生如何做人，包括如何处理人与自然、人与社会、人与人的关系以及自身的理性、情感、意志等方面的问题。人文的信仰基本上包括价值观、生命意义等，像人们对真、善、美、正义、自由、平等和无私等价值的追求，使人觉得人生有价值、有意义。

二、人文素质教育的重要性

我国高等教育存在着以下四个方面的问题："过弱的文化陶冶，使学生人文素质不高；过窄的专业教育，使学生的学术视野不宽，学术基础不牢；过重的功利主义导向，使学生的全面素质培养与基础训练不够；过强的共性制约，使学生的个性发展不足。"知识的获得并不等同于心灵的升华。失去生命的价值，失去人文的思考，这就是一种危机。

大学生文化素质教育着眼点是位于素质教育基础地位的文化素质教育，重点是加强人文素质教育，目标是提高大学生的文化品位、审美情趣、人文素养和科学素质，培养他们的人文精神。加强人文素质教育体现了德智体全面发展的教育方针，是实现人的全面发展的需要。高等教育的人才培养要坚持"人文为魂"的教育理念。"人文为魂"是将大学生人文素质的培养和提升当作专业生存和发展的灵魂，旨在帮助大学生更好地认识自我，理解人生，在错综复杂的现代生活中找到人生的意义，树立正确的人生方向。

21世纪世界各国激烈竞争，将不仅体现在科学技术和经济实力的较量上，也体现在国民的文化底蕴、民族精神和精神文明水准的较量上。美国哈佛大学的亨廷顿教授发表的一篇题为《文明的冲突》的文章，提出文化将是引起新世界冲突的主要根源。改革开放以来，努力汲取一切民族的优秀文化成果是我们的一个基本国策，对此应认真贯彻。但我们不应该忽视西方腐朽文化对我们国民精神，包括大学生价值取向的影响。在观念形态上不加分析地崇尚西方的文明，就会导致民族自信心的失落与国家民族意识的淡薄，甚至走向价值标尺的西化。现在如果不把精神文明建设，不把人文教育、素质教育放在更加突出的地位，培养出的学生不爱国，没有崇高理想，没有正确的价值取向，没有高尚的思想道德素质，那我们的教育是彻底失败的。

人文素质教育是当前促进大学生成长的重要教育手段，高校人文素质教育的完善性、科学性、有效性还有待加强。高校人文素质教育主要通过有效的文化成果宣传普及，达到传授人文知识，培养学生的精神文化道德修养水平，以及优化提高学生人格和内在气质。

三、大学生人文素质教育之重

（一）大学生成长的内在动力

学生的素质包括思想道德素质、文化素质、专业素质和身体心理素质，其中文化素质是基础，而人文素质又是文化素质的核心。大学生的成长是这些素质的综合协调发展，即和谐发展、全面发展，即完整的发展。要实现人的全面发展，有研究者认为"人文素质教育是其现实途径"。的确，在人的成长过程中，专业教育交给了学生"是什么""为什么"，实现了"能干什么"。与此同时，学生更需要学会"应该是什么"和"应该如何做"。学生的成长不仅仅是依靠聪明的大脑，而对智慧头脑的需要越来越多。开展大学生人文素质教育，给予大学生的可能没有直线上升的显性知识，但有隐性的品位；可能没有即时可获利的技能，但有影响深远的正向思维方式；可能没有轰轰烈烈的现实成就，但有踏踏实实的理想。正是这些看不见的精神品质，是推动大学生发展的内因，为大学生的发展提供了无限的内动力。大学生要实现自身成长，成为未来社会的可靠建设者和接班人，不仅要有知识、有能力，更要有涵养、有品位、有情怀、有坚韧的性格。所以说，大学生人文素质教育是大学生成长发展的助推器。

（二）高校笃行使命的回归

长期以来，素质教育一直都是我国的人才培养目标。在马克思主义的人的全面发展理论指导下，结合我国实际，人才培养目标不断与时俱进，经历了从培养"德智体发展的劳动者""'四有'新人"到"成为建设者和接班人""德智体美全面发展的社会主义建设者和接班人"的发展。无论是《国家中长期教育改革和发展规划纲要》，还是党的十八大、十九大报告，均提出全面实施素质教育，提高教育质量。教育部在《关于加强大学生文化素质教育的若干意见》中指出，"加强文化素质教育工作，重点指人文素质教育"，目的是"提高全体大学生的文化品位、审美情趣、人文素养和科学素质"。为此，对人才培养，尤其是高校人才培养的"硬实力"和"软水平"要求是显而易见的。然而，在狠抓经济建设、物质利益驱动的社会主义建设初级阶段，高校也不自觉地卷入了实用主义洪流，以"快餐方式"批量生产实用人才。学生本人和家长急功近利的倾向，进一步加剧了高校实用主义的步伐，背离了高等教育的初衷、高校的使命。高校培养的人不只是会"做事"，首先要会"做人"，要让大学生能"明明德"，能"亲民"，达到"止于至善"的境界，是"国家的真正栋梁"，是"大人"。换言之，高校要培养的不是技术工匠，而是培养自由、全面发展的人，"能够推动社会前进的人"。因此，高校除了向大学生传输知识和技能外，必须进行人文素质教育，培养人文素养。强化人文素质教育，高校才能实现高等教育人才培养的本真目的，才能推进高校和高等教育的不断发展，才能完成高校肩负的人才培养使命。

（三）社会和谐发展的必然要求

天人合一、人与自然的和谐相处，这是幸福生活的美丽画卷。当人性扭曲，出现纳粹法西斯分子、日本军国主义分子时，给全人类带来的是无尽的创伤与灾难。当整个社会向市场化转型，裹挟着人们对经济利益的狂热追求而丧失理性，在追逐科技、金钱的过程中遗忘了人情味儿、淡化了内涵修炼，带来的是过度开发、资源紧缺和环境破坏等一系列并发症，这又一次不得不让人们警醒，我们的人文情怀何在。邓小平带领国人进行社会主义市场经济建设探索时，就明确提出中国的发展要坚持物质文明与精神文明共同发展，两手都要抓，两手都要硬。科学发展观思想高屋建瓴，指导我们必须和谐发展，必须可持续发展。工业 4.0 时代为人文素质教育提供了更多条件，也提出了更高要求，人文素质理应成为推进当前社会发展的"新常态"。正如教育家、大学生人文素质教育先驱杨叔子曾指出："没有科学进步，人类将永远愚昧落后；没有人文教育，人类将坠入科技进步带来的文化黑暗及社会灭亡的深渊。"大学生是我国社会主义事业的建设者和接班人，就必须将自我价值实现与服务祖国人民相统一。只有强化大学生人文素质教育，提升大学生人文素质，才能在人与人、人与自然、人与社会的和谐关系建设中发挥重要作用，才有可能挑起推进社会和谐发展的历史重任。也只有如此，社会的和谐发展才有更大可能性。

四、高校人文素质教育的主要问题

（一）教育理念的问题

当前高校没能充分的重视人文素质教育，在人文素质教育方面的投入不足，不少高校没能形成完善的人文素质教育理念与管理体系，存在人文素质教育理念陈旧，人文素质教育方式较为传统落后，人文素质教育过于功利的问题。一方面高校在人文素质教育方面的投入相对有限，没能形成完善的人文素质教育资源供给机制，不能科学地整合人文素质教育力量，不能形成校园内外的丰富人文活动机制。另一方面高校执着于就业率，存在重分数、轻能力，以及重视专业素养和轻视人文素养的问题。当前不少高校毕业生虽然掌握了丰富的专业技术知识，但是不懂得调节身心，无法与他人及社会保持良好的互动关系。

（二）教育内容问题

高校人文素质教育建立在一定的人文基础知识之上，强调通过有效的教育方式影响学生的知识、能力、观念与意志力，注重综合多种因素开展人文素质教育工作。但是有些高校开展的人文素质教育还只停留在表层，人文素质教育缺乏深层次的内容，或者人文素质教育只重视理论知识的传授，或者在学生人文活动时缺乏必要的沟通。当前不少高校存在着只重视人文知识的传授，注重开设一系列人文知识为主体的选修课程，但是不注重对大学生人文行为养成教育，不能根据学生的兴趣爱好组织开展丰富的礼仪教育、艺术赏析教育、人文实践活动等。还有的人文素质教育课程过于概念化、形式化，只注重表现浅层次知识的灌输，在教学过程中没能围绕着学生感兴趣的热点文化现象进行分析，不能结合大学生的日常思想需要进行有效的情感沟通，因此不利于培养学生的人文素养，没能达到提高学生思想品质目标。

（三）教育主体问题

高校由谁来进行人文素质教育在新时期是个重要问题。有些高校认为人文素质教育应当通过规范的课堂活动进行，不少高校因此认为人文素质教育应当成为教师的主要工作，因此没能有效地开发和完善人文素质教育体系，导致学生的自主教育、社会教育等资源没能得到充分的发挥。一方面，一些专业课教师不认为自己有义务在专业教学中培养学生的人文素养，教师没能有效地挖掘人文资源，不能结合专业知识组织开展人文素质教育。另一方面学生管理教育往往不注重从情感上打动学生，不能优化人文素质教育制度，往往使用较为强烈的约束机制。

（四）评价机制问题

还有的高校在人文素质教育方面缺乏科学的评价机制，没能有效评价人文素质教育的开展情况，不能根据学生的需要有针对性地实施人文素质教育工作，因此影响人文素质教育有效性。首先，高校未能形成完善的人文素质教育反馈机制，不能有效地收集人文素质教育工作的信息，人文素质教育的过程中往往重视以考试方式评价学生的人文素养，不注重采用学生自评、师生互评的方式开展人文素质教育的评价工作。其次，高校现有的人文素质教育考评方式往往以客观评价为主，没有采用信息化的方式有效征求学生的意见建议。最后，在信息化的环境下还缺乏多样化的人文素质教育评价机制，现有的人文素质的评价方法不利于广泛了解学生的需要。

五、大学生人文素质教育困境

自 1995 年召开高等学校加强文化素质教育试点工作研讨会起，我国高校文化素质教育经过了试点探索、实施推广和普及提高三个阶段，在理论研究和实践探索方面都取得了显著成效。然而，对当前大学生人文素质教育的质疑仍不绝于耳，"就'无形'的文明素质和精神世界来看，社会上、校园里，交往中、独处时，大学生却依然无从摆脱杂芜、喧嚣与迷茫的纠缠"，这一现象至今仍然存在。大学生有知识却没有文化，有高智商却没有智慧，有能力却没有素养，有成就却没有诚信，追求"自由"却失去了应有的坚守。人们常常会问，现在的大学生都怎么了？出现这些现象，非某一方所为，但我们的大学生人文素质教育需要审思。综观当前各高校开展的人文素质教育，不外乎有课程教学、校园文化、社会实践等途径。事实上，这些教育途径本身是无可厚非的，然而，使用过程中只是一味地采用外在的灌输式给予方式，这就没能发挥这些途径的价值。因此，以何种思想为指导开展大学生人文素质教育，成为迫切需要解答的问题。回归"以人为本"理念，从学生角度出发重构高校人文素质教育，是当前高校人文素质教育的不二选择。

（一）建构主义理论为大学生人文素质教育提供了思想指导

建构主义认为，知识不是通过教师传授得到，而是学习者在一定的情境即社会文化背景下，借助其他人（包括教师和学习伙伴）的帮助，利用必要的学习资料，通过意义建构的方式而获得。由此可以看出，学习过程是学生主动选择、加工、处理外部信息，并把当前学习内容与已知事物建立联系，通过同化、顺应方式，通过认知结构的不平衡到平衡的发展，如此循环往复。在建构过程中，对于学生而言最关键的因素是学习的主动性、知识建构的主动性。对于教师而言，最重要的是激发学生的学习兴趣，创设符合教学内容要求的情境，提供新旧知识之间联系的线索，帮助学生建构当前所学知识的意义。获取知识尚需学生主动建构，重在实现学生的涵养提高，成为个人自由、全面发展的推动力量，形成行为自觉，这更需要学生的主动性，更需要学生的主动探索、主动分析、主动建构、主动实践、主动升华。因此，大学生人文素质教育必须将学生放置于主体地位，必须将学生受教后的思想和行为变化作为关注重点，这是开展大学生人文素质教育的逻辑起点。

（二）个体的高级行为模式为大学生人文素质教育创设了心理基础

从心理学角度讲，"知""情""意"是构成人的高级行为的三个基本要素，知道怎么做，且知道做的目的，又具备做的心理环境与外部条件，并愿意做，且能克服做的各种困难，这样人的高级行为就能保持正确、持续的产生与发展。与此同时，同一对象的不同行为，不同对象的同一行为，同一对象在不同环境中的同一行为，其行为的各构成要素的完整程度都有可能不同，个体的学习行为也不例外。开展大学生人文素质教育，首先要让大学生知道如何接受人文素质教育、其目的何在，使其"学习行为"指向"目标"，做到"知"。同时，引导大学生形成积极的"情"，树立坚强的"意"。因为只有当大学生对人文素质学习及客观环境产生积极的态度体验时，才能克服困难，不断调节和支配自己的行为，实现提升人文素质的目标。反之，学生则产生负性体验，缺乏意志力，进而终止学习行为。现有的大学生人文素质教育主要是校方主动给学生安排相应的课程、组织各种活动、策划各种实践等，学生不清楚自己为什么要学习人文知识，导致学生在接受这些学习时处于被动状态，仅仅处于识记式的知识学习层面，是浅层次学习，其学习效果也就可想而知了。所以，在开展大学生人文素质教育过程中，老师不再是人文知识的简单传递者，而是学生人文素质学习的促成者。需要给学生讲明"是什么"和"为什么"，使学生接纳，并激发学习动机，实现学生对人文素质教育的"知情意行"的协调统一。只有学生行动起来，大学生人文素质教育才能顺畅推进。只有学生的人文素质学习实现"知情意行"统一，大学生人文素质教育才能实现其目的。

（三）学生个体差异对大学生人文素质教育提出了直接要求

学生个体千差万别，每个人都有自己的一套认知图式。这套认知图式就形成个体的缄默知识，对所接受的人文素质教育产生强大的反作用，这反作用可能是正向的，可能是反向的，并且这种反作用一直"默默"地存在着，只是不被知晓或是不愿揭穿罢了。所以，若大学生人文素质教育只是一味自上而下的要求、规定，而发挥重大作用的学生主体被忽视，显然其效果是不尽如人意的。暂时撇开学生的个体差异，至少应该考虑不同类别学生和不同层次需求学生的差异。不同类别的学生对人文素质教育的理解和需求各不相同，比如，对全体大学生加强文学、历史、哲学、艺术等人文社会科学方面的教育同时，对文科学生还要加强自然科学方面的教育，对理工科类、经济类、军事类等大学生的人文素质教育也应另有所侧重。同样，不同层次需求的学生也呈现出对人文素质教育需求的差异，有的学生可能将自己置身于世界之中，修炼具有世界公民的胆识、责任与担当成为他们的必修课，而有的学生只求对现实生活的理解。若不考虑学生群体差异和需求层次差异，学生在接受人文素质教育时要么要求太高而遥不可及，要么要求太低而索然无味，要么文不对题而被拒之千里，这都不是开展人文素质教育的理想状态。归根结底，大学生人文素质教育需正视学生的差异性，也表现为各高校人文素质教育的差异性。

综观上文所述，要提升大学生人文素质教育效果，学生理应成为其焦点。需要改变当前这种只从教师的"教""给"的角度出发实施大学生人文素质教育，改变这种单向度的、学生被动接受的、由上至下的教育方式。从学生角度出发，回归"以生为本"理念，让学生成为高校人文素质教育的积极参与者、践行者与创造者。如果说建构主义和个体高级行为模式理论告诉我们大学生人文素质教育最终需要落脚到学生的文明素养提升和行为自觉，那么学生的个体差异就决定了人文素质教育需要提供不同类别的教育内容。换言之，大学生人文素质教育应该体现出层次与类别需求，分层分类思想成为探讨大学生人文素质教育的着力点。

第二节　大学生人文素质教育的分层分类

我国的人文素质教育工作起源于大学教育，逐渐实现了在中小学教育中的应用推广，但是高中人文素质教育工作相比大学高等教育中的人文素质教育更需要进行改革，这主要是由于应试教育模式所带来的影响。在社会不断发展的当前，高中学生面临着更高的人文素质要求，所以加强对人文素质教育学原理的深入探讨与探究是十分必要的，这是进一步推进全面素质教育工作的重中之重。

一、人文素质教育学原理分析

（一）人文素质教育是社会实现人本转变的必行之路

人文素质教育学理论从本质上说其实是思想转变的一种形式，当前人文素质教育工作中存在的根本问题就在于社会本位的影响，这也是我国人文素质教育相比其他教育先进国家存在差异的主要原因。传统的教育工作中具有鲜明的功利性特征，仅仅将教育工作看作实现团体利益以及政治利益的一种简便方式。而人文素质教育就是突破传统教育目标的一项教育内容，其本质上是在为社会的进一步发展提供助力，但是其在开展过程中所体现的出发点却是建立在个体发展目标之上的。若实现了人文素质教育工作的进步，则社会、经济本身也会迎来较大的发展，所以开展人文素质教育工作的根本就是实现个人的进步与发

展。而我国传统教育工作中，却将教育工作的目标建立在社会功能的基础之上，缺乏人本特征，限制了学生的发展。

而人文素质教育开展的本身就是为了使得学生在受教育过程中不仅得到理论知识方面的提升，同时也能获得思维品质的提升。最重要的就在于学生能不断地实现自我情感以及自我品质的完善，是重要的人本发展思想的体现。因此，要实现现代社会向着人本方向不断地转变，其更应当不断地在高中教育中深入贯彻人文素质教育，建立在人的发展思想上开展教育工作。

（二）人文素质教育是建立在对人的深入认知基础之上的

人文素质教育学理论中最根本的理论认知就在于将学生看作"人"展开人的教育，而这里的"人"其实是社会关系的总和。我国属于社会本位属性的国家，在进行"人"的理解时可能会将其看作一个统一的社会体。通常情况下，生命体都被分为实我与意识层面的我两种形式，即"我我关系"与"他我关系"的构建，而高中人文教育工作中应当将重点放在"我我关系"的思考层面。但是在我国之前的社会体系之中，个人需求并不被重视或者将其笼统的归纳进社会需求层面之中，所以可能会造成教育对象出现低估自身水平的情况。总体就人文素质教育学理论在对于人认知方面的理解概括为，人文素质教育从本质上实现了对社会、经济以及人进行考虑，但是建立在人的基础上进行发展才是最根本的途径。人文素质教育理论中并不仅仅将人的发展片面的等同于认知过程，其在很大程度上也具备非认知心理过程的特征，即人的心理在发展变化的过程。人文素质教育学理论当中强调的重点既是科学、社会的发展，同时也表现出强烈的人文特色。各高中院校在开展人文素质教育工作时，并不能仅仅依靠显性教育形式，同时还应当将隐形教育代入到实际工作当中。

在就人文素质教育学原理展开分析与探讨的过程中，应当首先明确人文素质的具体含义，并以此为基础逐步地就人文素质教育学原理展开分析与探究。且该教育学原理的重点主要体现在人文素质教育是现代社会不断地向着人本转变的必行途径，同时也是在加深对"人"的深刻认知与探索之后建立起的重要学科。只有不断加强对人文素质教育学的深入研究，才能进一步实现人文素质教育工作在高中教育中的不断推进。

二、分层分类教育思想在大学生人文素质教育中的应用

（一）人文素质教育要求的层次性

有人指出，人文素质教育内容包含了人文知识的储备、人文方法的运用和人文精神的内化，也有人提出包括基础知识、价值与观念和行为三个领域的目标，或者是精神形态和知识形态两方面。实际上，所说的人文素质教育内容，实则是对人文素质教育的不同层次要求。不难看出，都包含了三层含义，即人文知识、人文精神和人文习惯，且这三者处于递进关系。人文知识是第一层次，是基础，学生需要积累丰富的人文知识。在此基础上，

学生需形成人文观念，具有人文情怀，这是第二层次。人文素质教育的最终目的是将所学知识、所形成的观念内化于心、外化于行，形成行为习惯，这是第三层次。目前，大学生人文素质教育主要停留在人文知识学习层面，并且所采用的方法主要是灌输和传授，需要改变这一现状。在人文知识学习、积累阶段，教师需要采取教授、启发、引导相结合的方式进行，让学生对人文素质教育的内容和目的"知"之，进而形成积极的"情"和坚定的"意"，最终"行"之。大学生人文素质教育绝不只是知识性传授教育，还需升华至人文情感养成教育和人文自觉行为教育。只有认识到大学生人文素质教育的层次需要，才能正确把握人文素质教育目的，才能在实施过程中指引人们选择恰当的教育方法和评价标准。

（二）人文素质教育内容的差异性

此差异性是指大学生人文素质教育应该考虑给不同类别的学生和不同层次需求的学生提供不同的学习内容。当然，不是给每一名学生定制一套人文素质教育方案，这是不切实际的。从横向而言，需关照不同类别的学生群体，比如理工科类学生与文科类学生。从纵向而言，需关照不同层次需求水平的学生群体。不管哪一类别的学生，都需要积累人文知识，向人文情怀和人文行动发展，只是学习的人文内容可以有所侧重，满足其差异性需要。事实上，这也就是对各高校人文素质教育的"个性"需求，体现出了高校之间人文素质教育内容侧重点的差异和培养层次的差异。

三、基于分层分类思想的大学生人文素质教育原则

（一）普适性与针对性相结合原则

普适性是指全国高校人文素质教育的总指导方针，是适合我国高校人文素质教育的指导思想。在今后，将进一步根据《关于加强大学生文化素质教育的若干意见》精神，结合培育与践行社会主义核心价值观的主旋律，推动高校人文素质教育迈向新阶段。针对性是指各个高校根据自身学校的传统和教育教学实际，制定符合学校人才培养目标的人文素质教育培养方案。普适性与针对性体现了不同的范围要求，前者涵盖了对整个全国高校人文素质教育的总体要求，后者是对各个高校个体的具体要求，是普遍性与特殊性的关系。与此同时，这也是高校人文素质教育的不同层次要求，是总与分的关系。普适性与针对性相互关联、相互作用。若没有统一要求和纲领性指导，则我国的高校人文素质教育就会出现各自为政、杂乱无章的现象，存在失去办学总方向的危险。若完全不顾各自高校的实际情况，则高校人文素质教育只能流于形式，无法落实。贯彻高校人文素质教育的普适性与针对性，就是全国总体要求与各高校具体要求的不同层次体现，也是各高校之间不同类别高校人文素质教育的类别差异体现，以及不同层次人才培养高校人文素质教育的层次差异体现。

（二）规定性与张力性相结合原则

这是高校制定本校大学生人文素质教育方案应遵循的原则。规定性是指各高校的人文素质教育应当有统一要求，张力性是指各高校的人文素质教育要有一定弹性，即学校的人文素质教育培养要满足共性与个性需要。一方面，学校在制定大学生人文素质教育的课程教学、实践等环节时，要根据学校的人才培养目标，有统一的人文素质培养要求，构成必修环节。另一方面，方案设计中又留给学生足够的自由选择空间，学生可根据自己的专业、个性特点以及今后的发展规划，选择其他的人文素质教育内容，与必修环节一道构成自己的人文素质培养体系。这样的人文素质教育培养方案既把握住了学校总的人文素质教育方向，同时又满足了学生的差异需求，这是不同学生的层次需求和不同专业、不同个性特点学生的类别需要。

（三）表层性与深层性相结合原则

这是大学生人文素质教育层次性的直接体现。表层性即浅层性，这里理解为人文素质教育的知识教育。深层性即学生对所传授的人文知识的积极接纳，以及形成与之匹配的惯常化行为。表层性与深层性是一种递进关系，前者是基础，后者是深化。因此，通过人文素质教育，要促成学生从人文知识的积累（表层性要求）向人文情怀形成和人文行动养成（深层性要求）转化。实现深层次目标，是大学生人文素质教育的归宿，必须把握住这一大学生人文素质教育真正价值。坚持这一原则，大学生人文素质教育的实施策略和评价标准也应相应转变。

（四）人文素质教育的生活化原则

人文素质教育的生活化原则有两方面含义。一是大学生人文素质教育不只是在课堂、课外活动、社会实践中进行，而是随时随处都发生着，老师和学生的言行、校园环境、学校制度、管理理念等都可能成为人文素质教育的内容和方法，浸润着学生人文素质养成。这样，大学生人文素质教育就置于有形的、精心组织策划的教育与无形的、随意性的精神熏陶共同作用之下，生活已成为人文素质教育舞台。二是大学生接受人文素质教育后的行为生活化、日常化。接受人文素质教育后，不是将知识呈现在试卷上，也不是储存于脑海里，而是在积累人文知识基础上，学会运用人文方法，内化人文精神，形成积极、正向的情感体验，成为个体成长的精神内动力。在这一原则指引下，大学生人文素质教育不再是"知识殿堂"，而是大学生的生活伙伴，是大学生人文素质教育的真实境界，也是最高层次要求。

第三节　人文素质教育体系的构建

远程开放教育的实质是素质教育，而素质教育的核心是人文素质教育。开放教育的特殊性，决定了其人文素质教育的特殊性，创建适合远程教育特点的人文素质培养体系是十分必要的。人文素质教育是一项系统工程，需要转变教师角色，强化人文学科建设，创新开放教学模式，构建人文教育平台，革新考试评价制度，加强实践环节，等。只有多方入手，多管齐下，才能实现开放教育人文素质教育的目标。

远程开放教育的人文素质培养体系，是指在远程教育条件和环境下，遵循远程开放教育的特点和规律，构建的全面培养学生人文素质的体制或系统。在现代远程开放教育领域推进人文素质教育，是一项系统工程和创新工程，必将大大提高远程开放教育的效果和质量。它不仅符合远程教育的本质要求，也是培育终身学习理念和构建学习型社会的时代要求。

一、更新教育观念，转变教师角色

理解开放教育的本质，树立素质教育新理念。现代远程教育的大众化、多元化、网络化特点，对教师素质提出了更高的要求。开放教育的本质是人人享有终身接受教育的权利，这不仅意味着教育对象的开放，更重要的是教育观念、教育资源和教育过程的开放。按照科学发展观的要求，开放教育应该更加凸显以人为本的教育理念，以促进人的全面发展为己任。因此，教师不仅要重视知识的传授和技能的培养，更应注重对学生人格的锻造和素质的提升。

适应远程教育的需要，探索素质教育新方式。教师要探索远程教育人文素质培育的方式方法，明确教师的角色定位，实现教学方式的转变，调整自己的知识结构，具备全面的职业素养。教师力求做到：既能从事理论课或文化课教学、传授，又能从事技能训练教学、指导；既是教育教学活动的"经师"，又是引导学生成长成才的"人师"。

以人文教育为己任，提高自身素养和修为。人文教育的职责不仅仅是文史哲教师的职责，也是每一个远程教育教师的职责。在课程的教学活动中，避免功利主义的思想，弘扬教书育人的理念，把人文教育的思想贯穿始终，在日积月累的教学活动中，在春风化雨的潜移默化中，提高学生的人文素养。

二、变革培养规划，强化人文学科建设

增加人文学科比重。开放教育是一种多层次、多规格、多功能、多形式的办学，生源复杂，专业庞杂，在专业规划中，常常重视科学技术的掌握，忽略人文精神的养成。开放

教育的课程具有内容新颖、观点活泛、时代性强、教材更新快等特点。学科建设中，应特别强调理论联系实际，集适用性与艺术性为一体，把素质教育的理念贯穿其中，理论与实践并重，技术与素质并重，知识与能力并重。因而，根据专业的需要，调整专业知识结构，增加人文学科的比重，明确人文教育的目标，强化人文素质的培养，大有必要，大有可为。

探索学科融通新路。人文教育的最高目标在于满足学生个人发展的需要，追求人性的完美、培养健全的人格。加强学科建设，并不仅仅是人文社会学科的建设，尤其应加强自然科学与人文社会科学的交叉学科的建设。首先，要树立"以人为本，全面发展，人文见长"的现代教育观，深入探讨学科的课程性质、学科内涵、研究范围，系统研究学科的教学目标、教学内容、课程安排，积极探索学科的教学方法、教学手段、教学效果。通过学科建设，丰富学科内涵，凝练学科方向，培育学科特色，实现人文学科的跨越式发展。其次，学科建设要实现文理贯通。远程开放教育，要充分发挥自身办学优势，抓好学科交汇，促进文理渗透，实现学科融通。特别是在一些理工科专业，在教学计划中实现人文学科与其他学科的沟通、交叉和融合，是十分必要的。

加强通识课程教育。通识教育是一种广泛的、非专业性的、非功利性的基本知识、技能和态度的教育，更应该着眼于人的全面发展，不仅是知识、技能的获得，还有人格的健全；更应该强调"全人的教育"，赋予受教育者健全的人格、高尚的道德水平、科学的价值观及世界观。通识教育在人文教育中发挥着特殊的作用。通识课程的设置，除了文学、历史、哲学、艺术以及思想、政治、道德等传统人文学科之外，还可以开阔思路，根据不同专业的需要，结合培养目标，设置有关管理学、经济学、社会学、心理学、法律学、写作学等学科。

扩大选修课程范围。选修课是远程开放教育课程体系的重要组成部分，选修课能拓宽学生的知识面，完善学生的知识结构，培养学生的创新思维能力，强化学生的个性优势，提高学生的综合素质。开放教育开设的选修课程，应该做好供求分析、加强选课指导、扩大课程范围、减少选课限制、给足选择空间、丰富课程资源，使学生通过选修课学习，获得德智体美劳全面进步。

三、创新教学模式，开拓人文教育思路

教学模式，是在一定教学思想或教学理论指导下，建立起来的较为稳定的教学活动结构框架和活动程序。多媒体及网络技术的飞速发展，带来了远程教育教学模式的改革和创新。教学模式改革，是当前远程开放教育发展中的一个重点和热点问题。远程教学模式的变革，如何全面引入素质教育的新理念，如何带来人文素质教育的进步，如何实现专业教育与素质教育的结合，是值得深入探讨的问题。

素质教育就是把所学的知识内化为人的全面的内在品质，这种品质又外化为人格、知识和能力。素质教育从本质上说是一种主体性教育，是提升人性、优化人的本质，塑造自

由个性和健全人格的教育。素质教育在内容蕴含、方式方法上都有别于普通技能的教育。人文素质教育的实质不是知识性、技术性、实用性、时尚性的，而是精神性、智慧性、潜隐性、久远性的。人文教育，不能靠"灌输"，而要靠"熏陶"。

远程开放教育在素质教育方面既有优势也有劣势。优势在于有现代的教育理念，有先进的教育技术；劣势在于教师与学生的分离，课堂教学氛围的缺失，等。对远程教育而言，教学模式改革的关键在于如何发挥优势，扬长避短。改变落后的教学方式，构建新型的教学模式，其核心意义在于充分发挥网络的作用和多媒体教学的优势，充分激发学生学习的主动性，构建一个全课程育人、全过程育人、全方位育人的人文素质培养体系。通过教学模式的改革，在人文教育中真正实现丰富课程教学内容，调动学生学习兴趣，激发创新思维能力，提高教育教学的效果。

四、发挥网络优势，构建人文教育平台

远程开放教育是建立在包括数字技术、网络通信技术、计算机多媒体技术等组成的现代信息技术平台上的一种教学模式。教育技术的先进性，教学手段的多样化，是其突出特色。充分利用网络技术优势，创建校园网平台、教学互动平台、自主学习服务平台、校园文化活动平台，开辟素质教育的园地，营造人文教育的氛围，是必要的，也是可行的。

人文精神的培养，不能仅仅依靠学生通过自身人文知识的积累和实践去内化、提升，还要给学生创设一种鲜活的人文环境，通过具有浓厚文化气息的氛围，对学生进行耳濡目染的熏陶。首先，通过网络技术，加强数字图书馆建设，营造网络环境中的文化氛围。数字图书馆集合了图像、文本、语言、音像、影像、影视软件和科学数据等多媒体信息，可提供多种多样的人文素质教育素材，查询、检索、阅览十分方便，它所具有的存贮数字化、传递网络化、服务知识化、资源共享化等特征，是传统图书馆不可比拟的。其次，通过网络技术，建立素质教育网，开辟网上人文教育基地。充分发挥网络的优势，开辟人文知识丰富、阅读浏览方便、视觉效果美观、学生乐于接受的人文素质教育资源支持系统。另外，通过网络技术，还可以创建网上师生互动平台，实现师生的交流与沟通。网上互动平台完全可以提供高效、快捷的网络实时交互环境，比起传统的师生交互形式具有省时省力、方便快捷、节约资源等许多优势。师生之间的有效交流，可以促进师生之间的相互了解，实现人文教育的教学相长。可以说，远程开放教育充分利用网络技术的优势，利用多媒体教学的长处，提高人文素质教育的效果，大有文章可做。

五、革新考试制度，创立科学评估体系

考试是教育的指挥棒，是教学的指南针。考试制度的改革，必然促进人文教育的革新。开放教育的考试改革，应遵循拓宽知识、培养能力、提高素质的原则，通过一系列的改革，构建一个侧重发展、侧重综合、侧重过程的考试体系，对强化人文教育，弘扬人文精神，

13

培养技术应用能力强、人文素质高的人才，必将大有裨益。

尤其值得一提的是形成性考核。形成性考核是远程开放教育教学质量保证体系的重要组成部分，是强化素质教育、加强教育过程管理、反馈学习信息、改进课程考核方式方法的重要措施，是科学测评学生学习效果、促进学生自主学习、提高学生综合素质和能力的重要途径。将形成性考核的方法，应用于人文素质的测评，可以启发教师在人文素质教育中，循序渐进，注重教学过程；引导学生在提高人文素养方面，积极主动，重视学习效果。

人文素质的评价是教学评价中的一个难题，只有解决了考核的客观性、公正性、准确性问题，才能保证考核的科学性、激励性和指导性。在远程教学实践中，需要不断完善人文素质评估内容和评估手段。例如在测评内容上，将学生在参加各种社会实践、文化社团、文体活动、艺术竞赛、演讲比赛及人文社科类知识竞赛时所取得的成绩和表现，作为学生人文素质的主要评价依据。

六、加强实践环节，打造人文素质基地

组织实施集中实践教学环节，是远程开放教育的一大特色。实践性教学环节是开放教育教学活动的重要组成部分，是实现培养目标、提高学生实践应用能力和综合素质的重要手段。人文精神的培养，不仅需要人文知识的学习、积累、积淀，更需要在丰富多彩的实践中升华，在生动具体的情景中熏陶。

实践性教学环节是一项系统、复杂而繁重的教学任务，要取得良好的效果，就要做到教学设计系统周密，教学目标明确，教学组织认真，教学监控得当。实践性教学环节可以是多种多样的，既可以是论文写作、毕业设计、课程实验、社会调查，也可以是参观游览、科学考察、技能大赛、专题研讨、现场模拟、宣传咨询、案例分析、书画展评、歌咏比赛、名家讲座、主题征文等，通过学生与自然、与社会、与他人的广泛接触，产生对自然的热爱，对社会的责任感，对他人的尊重，从而使学生的科学精神与人文精神达到协调统一。

远程教育的实践性教学环节主要包括课程实践性教学和集中实践性教学，无论哪种形式的实践活动，都应遵循开放教育的规律，结合专业课程的特色，根据人文教育的需要，开展形式多样、注重能力、讲求实效的实践活动。

远程开放教育事业方兴未艾，发展迅猛。素质教育作为一项系统工程，前景广阔，任重道远。人文素质培养体系的构建，必将推进素质教育的有效开展，必将深化远程教育的全面改革，为社会培养更多复合型的人才，从而有效提升远程开放教育的质量和水平。

七、牢固树立强军思想，科学构建人文素质教育体系

当今世界军事、经济和科学技术的竞争，归根结底是人才的竞争，特别是人才质量的竞争。而人才质量不仅体现在人才的专业知识和技能上，更体现在素质上，其中人文素质占有突出重要的地位。军队院校要完成为我军输送高素质新型军事人才的神圣使命，就要

着眼世界军事变革的发展趋势，按照习主席提出的强军梦总要求，牢固树立强军思想，遵循人文素质教育规律，科学构建军校人文素质教育体系。

（一）从培养目标上着眼树立人文精神，实现"能打仗""打胜仗"的强军目标要求

构建人才培养模式，明确培养目标、任务和要求是军校教育创新的起点，也是深化教学内容、方法、手段改革的前提，是推进人文素质教学发展的关键。多年来，军校对人才培养模式的探索，为正确定位不同院校、不同专业、不同军兵种的人才培养目标发挥了积极作用，但这一探索多局限于理论上的研究和论证，实践方面的内容和措施不到位。要解决这一矛盾和问题，必须从宏观和微观两方面把握培养目标。

习主席强调指出，建设一支听党指挥、能打胜仗、作风优良的人民军队，是党在新形势下的强军目标。听党指挥是灵魂，能打胜仗是核心，作风优良是保证。全军要准确把握这一强军目标，努力把国防和军队建设提高到一个新水平。要铸牢听党指挥这个强军之魂，坚持党对军队绝对领导的根本原则和人民军队的根本宗旨不动摇，确保部队绝对忠诚、绝对纯洁、绝对可靠。要扭住"能打仗、打胜仗"这个强军之要，强化官兵当兵打仗、带兵打仗、练兵打仗思想，确保部队召之即来、来之能战、战之必胜。作风优良是我军的鲜明特色和政治优势。要把改进作风工作引向深入，真正在求实、务实、落实上下功夫，夯实依法治军、从严治军这个强军之基。

由于军队是由不同军种、兵种组成的一个大系统，虽然其整体的共同目标都是为了国家利益，力求在战争中"能打仗"和"打胜仗"，但在共性目标下，不同军、兵种具体的分工是不同的，不同类别的军校，其人才培养目标也有所区别、有所侧重。因而各类军事院校在开展人文素质教育工作时，要针对不同的教育对象，本着"具体问题具体分析"的原则，围绕强军总目标，根据不同的内容要求，确定不同的任务分工，进而实现教育的目的。

（二）从指导思想上认清人文素质教育实质，强化教育意识，明确教育方向

教育目标明确之后，首要任务就是要在思想认识层面认清人文素质教育实质，强化人文素质教育意识，明确人文素质教育方向。

1. 切实从本质上理解人文素质教育的真谛，从思想深处根植人文素质教育理念

只有从深层次上理解人文素质教育的真谛，才能推动人文素质教育全面而有效的展开。从目前军校校园人文氛围不浓、学员人文素质不高这一现象可以看出，真正意义上的人文素质教育还没有得到普及，至少是人文素质教育的观念，还没有完全深入到教育管理者和实施者的思想。主要表现：认为只要开设了人文类课程，开展了一些活动，人文素质教育目标就可以实现了；认为人文素质教育只是人文教员的事，与其他人没多大关系；认为人文素质教育就是让学员多获得一些社会知识；等。这些片面的认识，无形中为军校全面开展人文素质教育设置了障碍。如前所述，人文素质教育是以人为本的教育，是激发人潜能

的教育，是如何"做人"的教育。而要把这种教育落到实处，军队院校必须有明确的人才培养指导思想——要站在世界军事变革的前沿，把"能打仗"和"打胜仗"的强军目标要求，通过全面有效的人文素质教育实践，以人文精神为核心，内化为学员的人文素质，并转化为军队的凝聚力、战斗力和保障力。这就要求在教育指导思想上，必须从思想深处认清人文素质教育的本质，自觉树立起人文素质教育观念，增强实施人文素质教育的紧迫感，这样才能在人才培养上有求实之行、创新之举，才能真正培养出与时俱进的高素质军事人才。

2. 进一步认清人文素质教育与其他教育的关系，科学界定人文素质教育在军校教育体系中的重要地位

正确认识和处理军校人文素质教育与其他教育的辩证关系，是明确人文素质教育在军校教育体系中的重要地位，确保人文素质教育效果的基本思想保证。正确认识和处理人文素质教育与其他教育的关系，是关乎人才培养模式的重要问题，直接关系到教育的方向、学科专业的设置、教育内容和课程结构的优化，以及学员综合素质的培育，乃至部队战斗力的生成。

（1）是明确人文素质教育与思想道德教育的关系。人文素质教育是思想道德教育的基础和前提，为思想道德教育提供动力和活力，而思想道德教育则是人文素质教育的核心内容。人文素质教育实际上就是对学员人文精神的培养，就是使学员在接受知识的同时得到心灵的净化和升华，塑造良好的人格和品质，这也正是思想道德教育的根本目标。

（2）是明确人文素质教育与军事科技教育的关系。人文素质教育是军事科技教育的价值导向，为军事科技教育提供智力支持和价值目标。军事科技教育是以增强学员的军事技能，促进军事手段改革和战斗力提高为根本目的，它在追求军事科技教育价值最大化的同时，对指导其应用的价值观问题同样提出了越来越高的要求。因此，军事科技教育的人文化应成为新时期军事教育改革的主要方向。

（3）是明确人文素质教育与身心素质教育的关系。人文素质教育是身心素质教育的理性基础和灵魂；身心素质教育是人文素质教育的直接基础和载体。强健的身体素质和健全的心理素质都是高技术战争对人才的基本素质要求，为达到这一根本要求，提高人才这方面的素质，人文素质教育为其提供了人文精神的指导。

（三）在课程设置上构筑"内容科学、结构合理、特色鲜明"的人文素质课程体系

人文素质课程设置科学与否，对人才质量将产生直接的根本性影响。从实际情况看，军校人文课程的设置还存在许多不完善的方面。一是人文课程的教育内容不成体系。二是相对其他课程，人文课程的学时普遍偏少，致使学员对人文知识的了解和对人文精神的培养缺乏量的基础。三是传统课程开设过多，新兴学科，特别是与新军事变革理论相关的哲学、史学、法学、心理学、伦理学等学科，以及认知论、思维方法等方面，没有及时纳入教学内容，缺乏鲜明的军事人文特色，针对性不强。

　　加强军校人文素质教育，重点从知识拓展类、能力培养类和情操陶冶类三个方面综合设置。知识拓展类课程主要针对军校学员专业学习和基础课教学知识面相对较窄的状况开设，培养学员人文精神，尤其是科学精神、创新精神的基础性课程；能力提高类课程主要提高学员的任职能力，促进其全面发展。其不仅是学员感兴趣的内容，也是毕业后适应任职需要的基本技能，是体现"学以致用"和"一专多能"要求的重要内容。开设情操陶冶类课程，对于解决当前学员素质单一、学习内容单调、审美意识单向，以及部分学员受社会负面因素的影响而造成价值观念偏向、军魂意识淡化等问题有着重要的现实意义，其目的是结合思想政治教育，从文化层面陶冶学员性情，"以优秀的作品鼓舞人""以高尚的精神塑造人"，需要指出的是，人文课程仅培养学员对世界、对人生的理性认识还是不够的，还需要从情感上、意志上加以培养和熏陶，使之能有丰富的政治情感和民族情怀。这是由现代战争形式的多样性、状态的严酷性等特点所决定的，是学员能直面"战场"与"市场"挑战的需要，也是信息化时代的现实需要。

（四）在教育实施上正确处理"三大课堂"关系，优化教育过程

　　人文素质教育的根本目的，是培养学员的人文精神。这种精神的培养和树立需要潜移默化地教化和熏陶，要着重处理好理论教育与实践教育的关系，处理好教学过程中教员、学员、教学内容、方法、环境等方面的关系。军队对各级指挥员的素质有着极强的实践性、创新性要求，这就要求在教学实施中注重拓展教学空间，沟通课堂内外，联系部队和社会实际，努力改善教学环境，综合利用教育资源，形成军校、部队、社会共同育人的合力，切实把人文素质教育摆在战略位置，注重"三大课堂"在教学内容上的有效衔接。

1. 立足第一课堂打基础

　　第一课堂教学是院校人文素质教育的主渠道，是学员获取人文知识、培养人文精神的重要环节，必须下大力抓好这一环节。首先，要处理好教员与学员在课堂教学中的相互关系。其次，要优化教学结构，加强学科间的交叉渗透。再次，在教学实施上，要努力拓宽人文素质教育视野，加强对各专业课教学内容上的衔接和人文精神的熏陶。把最新、最经典、最实用的知识教给学员，实现"文理融通"，逐渐改变"重理轻文"状况。最后，在对教学效果的评价上，要建立科学有效的课堂教学评估机制，对教学活动及时跟踪反馈，不断结语提高。

2. 力求第二课堂长才能

　　这是理论课堂教学的延伸与拓展，是理论联系实践的重要"实验课堂"。一方面，在注重搞好学员第一课堂理论学习的同时，针对一些对学员思想影响较大的现实性问题，定期或不定期地开展讲座、对话、论辩等活动，以帮助学员培养自主学习、积极参与的意识，并结合教育内容，培养学员理论联系实际，关注现实生活的求实精神。另一方面，要善于为有特长的学员提供"才能施展"平台，以提高学员"一专多能"的综合能力。

3. 着眼实践课堂强素质

这是一种完全开放的适合人文素质教育的课堂。主要通过专业实习、模拟训练（如模拟联合国、模拟法庭、模拟战场等）和参加社会实践活动（如参观纪念馆、博物馆、人文和自然景观，参加法庭旁听、社会调查，参与社会服务和访谈等）来实施，可以使学员在参与社会实践的活动中，提高人文素养，不断增强综合素质，最终增强人文精神。

导师和研究生的心理关系贯穿于研究生教育教学的全过程，并对其最终结果产生影响。然而，由于主客观原因，当前研究生师生常因缺乏有效的沟通而导致心理关系疏离，进而导致师生关系淡漠甚至恶化。

总之，新时期军校人文素质教育，必须以习主席强军梦思想为指导，培养有灵魂、有本事、有血性、有品德的青年官兵为目标要求，遵循高等教育与军事人才培养规律，以"素质需求，任职需求"为牵引，以培育当代革命军人核心价值观为主线，以全面提高军校学员的"文化修养、艺术修养、道德修养"为目标，坚持基础理论教学与实践能力培养相结合，重点在培养学员带兵管理能力、开拓创新能力、组织协调能力、语言和文字表达能力上下工夫。把必修课、选修课、讲座课、实践课等有机结合起来，逐步建立适应军队现代化建设需要的、具有我军特色的、可持续发展能力的人文素质教育体系。

第二章 大学生人文素养各论

第一节 中外文化经典导读与中外文学作品欣赏课程建设

一、中外文化经典导读

高校校园文化是全校师生共同的价值观念、文化传统与精神面貌的体现，是高校素质教育和精神文明建设的重要组成部分，是一个大学的灵魂所在。高品位、高层次的校园文化建设，会使大学生受到健康、先进的文化气息的熏陶和感染，在潜移默化中提高自身的思想道德素质和文化底蕴。因此，倡导什么样的校园文化，如何加强校园文化建设，是一个常在常新的话题。大学生综合素质的提高，良好学风的形成，都需要良好的校园文化。建设校园文化有多种途径，笔者认为，文学经典导读是建设健康、高尚校园文化的有力途径之一。

（一）文学经典阅读的育人作用

1. 传承优秀的民族文化

中国是世界上历史悠久的文明古国之一，有辉煌灿烂的五千年文明史，中华民族历经历史风雨而绵延不衰，民族之根深深根植于源远流长、博大厚重的民族文化之中。中国文学是民族文化的重要组成部分，从我国第一部诗歌总集《诗经》起，已有两千多年的历史，楚辞汉赋、唐诗宋词、明清小说、现当代文学等体裁多样内容丰富的文学作品竞相争艳，各领风骚。文学经典是文学作品中的优秀作品，是时代精神的凝聚与升华，"文学经典指的是具有丰厚的人生意蕴和永恒的艺术价值，为一代又一代读者反复阅读、欣赏，体现民族审美风尚和美学精神，深具原创性的文学作品。它们是文学史的支架和龙骨"。文学经典往往拥有强大的艺术生命力，如耀眼的星辰闪耀在历史的天空，以自己的独特魅力为一代又一代的读者所喜爱、所传承，屈原的《离骚》，李白杜甫的诗歌，曹雪芹的《红楼梦》等文学经典无不是中华民族的骄傲和象征，无不体现了民族文化的丰富、成熟和辉煌，对中国人的价值取向、道德情操、性情情趣等都产生了巨大的影响。有学者这样评价中国文学的作用："在当今日益激烈的国际竞争中，一个国家、一个民族，如果没有高科技，一打就垮；如果没有坚不可摧的民族精神和牢不可破的民族凝聚力，不打自垮。可见在综合国力中，国民素质起着决定作用。素质教育需要从多方面进行，而作为中华文化精华部分的古典文学，其名著名篇凝聚了中华民族精神，闪耀着爱国主义光芒，通过研读古典文学名篇名著以提高国民素质，实在是一个不容忽视的重要方面。"

21 世纪的今天，中国从历史的风雨中走来，焕发出新的生机和活力，经济快速发展，取得了万众瞩目的成绩，中国以崛起的形象屹立在世界舞台上。然而，在世界经济文化交流碰撞之中，如何树立文化中国的形象仍是一个亟须解决的问题。继承本民族优秀的文化传统，对本民族文化具有高度的认同与自豪感，将会使中国文化在与世界各国文化交流中具有足够的文化自信与文化魅力。因此，在大学生中提倡阅读文学经典，对于提高民族的生命力、凝聚力、创造力都有非常重要的作用，因为，缺少民族精神和民族个性的民族，是一个缺乏根基的贫乏浅薄的民族，最终只会走向衰亡。只有在继承优秀文化传统的基础上，才能更好地促进民族文化健康发展与不断创新，使古老的文化再展辉煌，最终从容自信地参与国际文化交流，最终树立起文化中国的崭新形象。

2. 提升大学生的人文素质

21 世纪是知识信息时代，高等教育的目的是培养具有较高综合素质的人才，以适应竞争日趋激烈的社会环境。在各种素质中，人文素质是学生各种素质的基础，是人文科学知识在个体世界观、价值观、人生观及其人格、气质和修养等方面的内化，高校要重视大学生的人文素质教育，把学生培养成富有民族担当精神、有顽强意志、心理健康和有修养的人。

高尔基说："书是青年人不可分离的生活伴侣、导师、忠告者和好朋友。"文学作为"人学"，具有独特的育人功能，在高校的人文素质教育中有着重要的作用。文学经典是凝结人类文化精华的文化宝典，学生们阅读文学经典，就可以穿越时空，徜徉在源远流长的文学之海，展开丰富的精神之旅，与伟大灵魂、不朽思想进行心灵的对话，"融汇在文学经典中远见卓识、崇高抱负、人文担当、哲思玄悟、艺术典型、不同风格、生动情节、创新实践、绝妙辞章、语言特色，这些就铸造了文学经典的特质，成为传世文学华章"。在阅读的过程中，读者的情感得以升华，人格修养得到完善，智慧得以提升，自身的人文素质也会得到提高。

3. 打造大学生的精神家园

随着市场经济的不断发展和信息技术的快速发展，当今社会已普遍进入消费主义时代和大众文化时代，文学传播载体也发生了巨大变化，已从传统的单一的纸质文本发展成多种传播载体共存，电子文本、网络文本、声像文本为异军突起，冲击着传统的阅读方式。受社会环境变化的影响，一部分大学生随波逐流，热衷视听文化，倾向于消费文化快餐，精神文化需求日趋消遣化和娱乐化，他们忽视对人生理想的追求，个人主义、拜金主义、享乐主义等消极思想在一部分学生之中盛行，文学经典不断被大学生冷落、漠视，思想境界也随之跌入平庸、低俗的泥淖。提倡文学经典，回归文学经典，对于提升大学生的精神面貌有着重要的作用。一部优秀的作品能以高尚的精神鼓舞人、激励人、塑造人，能够引导人们树立积极向上的精神追求，在潜移默化中提升人的品格和修养，提高思想境界，丰富自己的精神家园。打开一部文学经典，就进入了一座交织着民族与世界，古典与现代思想光芒的文化宝库，就可以与古今中外的文学大师进行心灵的对话，得到精神境界的完善与提升。

（二）文学经典导读实施的途径

高校图书馆是学校的文献信息中心，拥有丰富的文献信息资源，是高校知识和信息的集散地，在校园文化建设中，图书馆是其重要的组成部分，发挥着极为重要的作用。在当今大众文化时代背景下，名著的阅读缺失已经成为大学生中存在的一个普遍问题。大学生的阅读呈现出功利性、低俗化、片面化的倾向。英语、计算机等工具类书籍、言情武打、卡通类书籍成为大学生课外阅读的主要书籍，那些曾经以自己的独特魅力影响了无数代人的文学经典在当代却几乎被大学生们遗忘。我们都知道，一个人的精神发育史实质上就是一个人的阅读史，一个民族的精神境界，在很大程度上取决于全民族的阅读水平。面对这种情况，图书馆要及时行动起来，优化馆藏结构，有计划、有针对性地进行文学经典导读活动，使学生们有计划、有目标地阅读经典好书，在校园里形成浓郁的读书氛围，努力营造"书香校园"，促进校园文化的健康发展。

（1）开展导读活动。导读是高校图书馆发挥教育职能的一个重要途径，阅读指导可以帮助学生有选择、有目的地读好书，图书馆应定期开展文学经典导读活动，由指导教师进行具体的指导与督促，对学生的阅读心理、阅读方法、阅读技巧进行科学的指导，向学生们推荐阅读书目，组织开展主题讨论会与有奖征文活动，使大学生能够自觉主动地阅读文学经典，养成良好的阅读习惯，掌握科学的阅读方法。

（2）定期举办"中外文学经典欣赏讲座"。图书馆要依托人文社科学院定期举办中外文学经典欣赏讲座，邀请国内外知名专家学者到校讲座，引领大学生走进浩瀚博大的中外文学经典宝库，激发学生的阅读兴趣，使学生感受到文学经典的恒久魅力。

（3）成立读书会。由图书馆文学素养高的馆员担任指导教师，在学校成立"文学经典阅读读书会"，通过举办形式多样的读书活动，吸引读者参加读书会，鼓励会员之间互相交流阅读心得，定期撰写读书报告，每月评选出优秀读者。

（4）开办读书网站。在信息时代，图书馆应适应学生阅读方式的转变，加大电子资源的建设力度，开办校园读书网站，以大学生乐于接受的方式参加网上读书。通过读书网站，使大学生了解、熟悉、阅读中外著名文学经典作品，达到开阔视野、提高人文素质的目的。

二、中外文学作品欣赏课程建设相关问题

中外文学作品欣赏课程的基本任务是培养和提升学生的品德素养、人文素养和语言文

字的表达能力。只有正确认识中外文学作品欣赏课程的基本任务，重视中外文学作品欣赏的课程设置和师资队伍建设，科学确定教学内容，实施多元化的教学，才能圆满实现本课程的教学目标。

作为传统的人文素质课程，中外文学作品欣赏课程在培养大学生的人文精神，提升其思想境界、陶冶其人格修养、熏染其审美情趣以及为社会输送合格的人才方面，有着不可替代的作用。近些年来，我国高校中外文学作品欣赏课程建设取得了一定的成绩，但与其他长足发展的专业课程相比，却显得十分滞后，存在很多不足之处。主要体现在领导重视不够、课程定位偏低、教材内容杂乱、教学模式僵化、教师队伍缺位、教学效果不尽如人意等方面。

（一）中外文学作品欣赏课程建设存在的相关问题

（1）课程设置被忽略，教学定位偏低。调查表明，当前高校中外文学作品欣赏课程被忽略的现象较为严重。中外文学作品欣赏不在高校必修课之列。大部分高校只将其列入公共选修课，教学定位偏低。由于高校过多强调专业建设与学科建设，作为公共选修课的中外文学作品欣赏已经处于非常尴尬的境地。它不像英语，有四级、六级等种种量化的考级系统和检测手段作支撑；也不同于政治理论课，有国家教委规定的课时量作为政策保障，而且和英语一样有考研之必试科目为后盾。中外文学作品欣赏课程的开设与不开设，是否继续开设，任由高校的校、系领导说了算，既不稳定，又不平衡。教学课时的安排也很随意，有的开一学年，有的开一学期，国家对此没有明确规定。

（2）教材编写无序，教学内容陈旧。中外文学作品欣赏课程一直没有国家统编教材。教育部门对教材内容并没有明确的规定。近几年出版的中外文学作品欣赏教材有十余种，每种教材的内容和体例都不尽相同。还有部分高校自编教材，由教师自主选择教学内容。比对发现，尽管版本众多，但内容大多缺乏新意。大多数教材内容偏重于选取中国古代优秀诗歌与散文，而对当代中外优秀文学作品和文学现象案例选取较少，许多篇目竟然与高中语文内容重复。其体例也与中学语文教材并无多大区别，因而很容易使大学生产生厌烦情绪，所以中外文学作品欣赏选学者十分有限，导致中外文学作品欣赏的教学质量和教学效果不尽如人意。

（3）教学模式固化，教学手段单一。长期以来，中外文学作品欣赏教学普遍遵循的是"以教师为中心"以及"释题—作者生平和写作背景简介—主要内容概述—字词讲解—主题与艺术特点分析"传统固化的教学模式；教学手段上还是单一的教材加黑板加粉笔，经久不变。调查表明，在中外文学作品欣赏教学中，传统的教学模式与缺乏创新的单一的教学手段容易使学生产生疲怠感，以至于中外文学作品欣赏课堂上经常会出现老师讲老师的，老师与学生好像两不相干的尴尬局面。当今时代，计算机网络极大地拓宽了教育的时空界域，改变着人们的学习方式和思维方式，但中外文学作品欣赏运用计算机辅助教学（CAI）却并不多见，即使偶有 PPT 课件的运用，时常也会演变成读课件式的讲授，这与时代的要求是不相符的。

（4）学科日趋边缘化，专业教师缺位严重。科技的飞速发展使得高校的专业课程建设受到更大的重视，专业课的教师队伍日益壮大。从事专业课教学的教师，评职称、晋级更为容易，各方面待遇也高。而中外文学作品欣赏课程却处于一个边缘的地位，学科建设普遍不受重视，再加上课程地位没有实际政策的支撑，学科日趋边缘化，经费投入有限，教师积极性不高。调查表明，中外文学作品欣赏课时不断被缩减，部分高校甚至连专职中外文学作品欣赏的教师都没有，经常安排相关或相近专业的教师兼任，专业教师缺位严重，师资队伍很不稳定。

（二）强化中外文学作品欣赏课程建设的措施和对策

（1）明确课程性质，提升课程定位。中外文学作品欣赏作为高校一门重要的公共基础课，其地位和性质是不容置疑的。中外文学作品欣赏是一门边缘性学科，与语言、文学、艺术、历史、哲学、政治等学科都有内容关联。中外文学作品欣赏课程的性质主要体现在三个方面：一是培养人伦道德情感；二是培养文学鉴赏能力；三是开拓文化视野。中外文学作品欣赏虽是公共基础课，但它有"以文教化"的功能，担负着传承民族文化、张扬人文精神、陶冶审美情操等多项重任。新世纪对人的基本素质赋予了新的要求，强调提高人文素质，培养健全人格。而中外文学作品欣赏课程既能陶冶大学生的品德情操，培养大学生的健全人格，又能提高大学生的阅读理解能力、分析问题、解决问题的能力、审美能力、语言表达能力，等。因此，要加强中外文学作品欣赏课程建设，就必须提高对中外文学作品欣赏课程重要性的认识，制定科学完善的中外文学作品欣赏课程体系。只有做到这一点，才能切实提升中外文学作品欣赏的课程定位，从而扭转令人尴尬的教学现状。

（2）优化教材建设，优选课程内容。中外文学作品欣赏课程的基本任务是培养和提高学生的品德素养、人文素养和语言文字的表达能力。优化教材建设、优选课程内容是实现中外文学作品欣赏课程目标的重要保证。鉴于目前中外文学作品欣赏教材编写无序的现状，建议组织权威专家、资深学者和优秀教师重新编写中外文学作品欣赏教学大纲及配套教材，建设一套自成体系、特色鲜明、涵盖面广、兼容性强、具有权威性的经典教材。在教材结构上，要突破传统的以文章为本位的简单结构类型，采用以培养大学生语文能力为主线，兼顾文学知识和历史知识的复合式结构模式，帮助学生巩固知识、形成能力、养成素质。在课程内容的选取上，必须与时俱进，克服现行教材普遍存在的"重古轻今"的现象，突出内容的时代性。要努力做到以下三点：一、根据中外文学作品欣赏课程目标选择能够开发大学生人力的课程内容，使大学生的语文固性力、活性力和创造力都得到最大限度的发展；二、选择符合语文学科自身特点的课程内容，凸显中外文学作品欣赏自身的人文性和工具性的学科特性；三、选择符合大学生心理特征和认知特征的课程内容，体现高尚的人格理想和积极进取精神，给大学生提供审美愉悦和思维启迪。

（3）创新教学模式，改革教学方法。当今世界，科学技术日新月异，文化碰撞日趋激烈。

伴随信息化社会到来的必然趋势是学习化社会的到来。创新中外文学作品欣赏教学模式，改革中外文学作品欣赏教学方法势在必行。

教学模式和教学方法是教师与学生为实现教学目标而采取的教与学相互作用的活动方式。教学模式和教学方法是能否实现课程目标的关键。中外文学作品欣赏教师要与时俱进，彻底革除"满堂灌"的传统教学模式和教材加黑板加粉笔单一的教学方法。教学上要努力做到以下几点：一、以师生讨论为主，讲授和讨论相结合；二、以课外学习为主，课内和课外相结合；三、以继承文化成果为主，继承和创新相结合。要将课堂教学辐射到课外，把教学内容和空间从课堂延伸到图书馆、互联网和社会之中，从而激发学生学习中外文学作品欣赏的兴趣。

现代科学技术的发展为中外文学作品欣赏的教学改革与创新奠定了基础。计算机辅助教学（CAI）创造了适合大学生认知活动的学习环境。中外文学作品欣赏等多媒体软件集声音、文字、色彩、图像于一体，该课程有必要充分利用现代科技成果，采用声、光、电、磁等现代教学手段，唤起学生的联想和想象，激发学生的创造性思维，调动学生学习中外文学作品欣赏的积极性与主动性，从而提高教学质量与教学效果。

（4）加强师资培训，稳定教师队伍。《中共中央国务院关于深化教育改革、全面推进素质教育的决定》中明确指出："建设高质量的教师队伍，是全面推进素质教育的基本保证。"要切实提高中外文学作品欣赏课程的教学质量和教学效果，其前提条件必须充分重视中外文学作品欣赏教师队伍的建设。必须培养和造就一大批优秀的中外文学作品欣赏教师，强化教师的专业素质，培养教师的敬业精神，提升教师的人格魅力。要进一步提高中外文学作品欣赏教师的地位和待遇，稳定中外文学作品欣赏教师队伍，彻底改变中外文学作品欣赏教师队伍"拉郎配"的现状。中外文学作品欣赏教师与中文专业教师在知识结构的要求上有所不同，他们必须是"通才"。中外文学作品欣赏教师不仅要具备坚实的文学专业知识和一定的教育学、心理学知识，还要善于吸收当代文学创作和研究的最新成果，把握当代文学热点话题，善于在教学中帮助学生提高文学鉴赏水平。

综上所述，只有提高对中外文学作品欣赏课程的认识，重新定位课程目标，优选课程内容，培养高素质师资队伍，创新教学模式和教学方法，才能强化中外文学作品欣赏课程建设，提高中外文学作品欣赏教学质量和教学效果，实现中外文学的作品欣赏的教学目标。

第二节　大学生中国近、现代历史素养

新一轮课程改革引入了一个新的研究和实践的课题——核心素养，在教学一线和学术界引起了探讨和共研的热潮。核心素养是公民应具备的知识、技能、态度、品格与价值观以及创新、反思和自律的能力，公民因此而能够实现自我发展、适应和融入社会，并形成终身学习的习惯、能力与潜质。

　　近年来，历史学科核心素养成为历史研究者和历史学科教育工作者广泛关注的课题。对历史学科核心素养的探讨并不完全是通识性质的，对它的研究应兼顾历史学科和教育教学的目的和任务，借鉴历史哲学、史学理论、先进国家和地区的历史学科课程标准与实践等。在不断的探讨中，关于历史学科核心素养的构成已形成一定的共识。但是，我们还应从历史哲学的角度厘清一些认识。笔者将历史学科核心素养的构成归纳为这样一个逻辑关系：常识性历史认知→历史理解→历史解释→历史评价→思维性历史认知与能力→历史价值观与思维模式与习惯的养成。

一、常识性历史认知

（一）历史事实和历史认知的主观性

　　历史事实指曾发生过、存在过的真实的历史事件、历史现象和历史事物等，又被称为"历史存在"。"历史学者所关心的历史事实，经常是过去的人物、事件及相关时间和空间。"我们对历史事实的了解往往是基于古人留下的遗迹、实物和前人的记载、描述、考证等。历史事实往往被加入了研究者的历史理解和历史解释，据此有历史学家认为历史事实只是语言学意义上的存在，这种认识有一定的绝对性，我们不能因为研究者对历史事实的解构意义上的阐述而否定历史事实的客观性。历史事实包括社会事实，社会事实是指经过人们或历史学家解读后的历史事实。社会事实的主观性成分也不能完全否定它真实发生过的客观性。文字史料和非文字史料都有其客观性与主观性的一面。

　　历史认知虽然具有主观性，但其认识的对象是客观性的。我们对历史事实的认知来自于客观的独立于历史解释之外的历史、观念中的历史和研究中的历史，但在形成认知的过程中都会不可避免地受到认知主观性的干扰。"并不是客观存在的历史事实构成我们所相信的'历史'，而是当前的社会事实（或社会现实）使得我们选择某些历史事实，或创造些对过去的想象，以某种方式来建构我们所相信的'历史'。"这种认知的主观性缘于社会权力的干预和权威干预下的历史解释、社会价值观的时代性影响、历史构建者解释者评价者的立场与阐释目的以及史料的收集和整理情况。史学家兰克还提出史料记载者的性格和记载动机也会对我们的认知产生干扰。

　　我们认知历史的过程必然伴随着主观性，那么我们就应该考虑历史事实发生的社会语境、后人理解的社会语境。静态的历史需要我们去认知，动态的历史需要我们根据静态的史据去展开联想和解释，这就需要我们具备实证精神和能力，将史料中的历史、观念中的历史和研究中的历史尽可能真实地还原成发生过的客观的历史，同时养成历史学习者和研究者的求真、求实的科学精神。

（二）时序性与空间认知

　　时序性和时空观是历史认知的基本立足点，应将所有对历史事实的观察、理解、解释和评价放在具体的时空条件下，这就是史学研究常常强调的历史的时代性。脱离其原本的时空去认知历史，就会使历史的认知走向随意，忽略历史认识与研究的客观性和科学性。

历史学家雅克·勒高夫指出："时间以多种形式构成历史的特有材料""年代时序的阐释与生活经验的持续时间"应当保持一致。历史的时序性蕴含着历史发展的脉络和走向，也能够帮助我们认识历史发展的规律和未来。任何一种史事都发生在一定的空间，布罗代尔指出"必须把任何社会实在归结为它所占领的空间"。历史空间构成了历史认识的一定范畴，历史空间的界定使历史认知有了可操作性。

"时间和空间，不管它是存在，还是只是人的思考中错觉的范畴，都是不可分割的统一体。"时间与空间能够帮助学习者和研究者实现对历史事实的基本定位，有助于学习者和研究者通过其时代特征和地域特征更好地理解和把握历史发展的特点和规律。历史的发展是动态而多元的，我们在认识历史时要关注历史时序的动态性和空间的转换。同时，时间和空间又有很大的相对性和伸缩性，时间的即时性和长时段、空间的微观考察和宏观考察会使我们的历史认识更具多样性和灵活性。但是，这种认识的相对性和灵活性并不影响我们历史认知的客观性，还会使我们的认识更为全面和科学。所以，历史时空的划分标准并不是绝对化和固定化的，对历史时空的多元划分有利于形成历史认知的民主与开放的环境，也有利于对历史认知个体和对象的尊重和理解。"历史时空观念素养是历史核心素养的基础和前提，依靠它的指引，我们才能将历史学习与研究融时间与空间于一体，通过回归人类经行的历程，探寻旧日的足迹及其影响。"

（三）历史概念、历史语言和历史文本的认知

我们对历史的认识并非完全来源于自己的观察和实证，而更多地来源于经验、阅读和教育等其他途径。这些认识散乱而庞杂，我们需要对之加以理性的厘清，首先遇到的问题便是认知"概念""语言"和"文本"。概念的内涵是对事物本质的阐述，概念的外延框定了事物本质和阐释所适用的时空范畴。对历史现象和历史事件的认识离不开历史概念的界定和归类。历史概念能够将动态的、多样的历史事实以一定的逻辑关系连贯起来，历史概念的逻辑关系构成了历史学科的知识体系。概念性本质认知有利于我们从纷繁复杂的历史知识中找到认识的出路和历史发展的基本规律与走向。

对历史事实与历史概念的理解和解释离不开对历史语言和历史文本的选择与运用。对历史语言和历史文本的选择与运用受其所处时代、语言特质和表述立场等因素的影响。历史语言、历史文本与历史事实本体之间存在着相互联系又相互矛盾的关系。历史语言能够表述一切历史事实，但历史语言不能完全等同于历史事实。所以，能够熟练地使用准确的历史语言去阐释历史事实并正确理解历史文本是历史学科核心素养的构成中至关重要的一环。建立在历史语言基础上的历史文本理解成为接触历史真实的媒介与障碍。"由于历史本身在实体意义上的不在场性，语言对存在的本体性意构关系毋宁说在史学文本中表现得更为典型与明显。"所以，我们要更多地考虑历史语言与历史文本对历史真实背离的程度

和影响因素，同时又要尽力排除自己受到的历史语言和历史文本的干扰，力求更为精确地理解和运用历史语言与历史文本。历史事实本身并无差异，而历史的理解和解释却由于语言和文本及其体现出的认知水平、思维深度等因素的制约而体现出明显的差距。

二、历史理解与历史解释的厘清

"历史理解，实际上就是历史地理解和认识过去的思想方法。"历史理解指人们在对历史事物认知的过程中所形成的历史观念、历史方法、历史想象、历史态度和历史感悟。历史理解包括多重含义，首先是对历史事实及其所处时代和关联现象、人物和事物的理解，其次是对历史叙述的时代和关联现象、人物和事物的理解，再次是历史叙述和表达的主观性、心理预期或误解、价值判断的维度、意识形态的先入为主的认知、史学理论和方法论的选取等。"真正的历史对象根本就不是对象，而是自己和他者的统一体，或一种关系，在这种关系中同时存在着历史的实在和历史理解的实在，一种名副其实的诠释学必须在理解本身显示历史的实在性。"历史理解是对历史的真实性认同和历史事实的解构过程。可见，历史理解是一个被动认识多于主动改造的思维过程，受历史认知对象的影响较大。

历史解释是指我们在占有了大量历史史料后，依据一定的价值判断标准而对历史叙事和历史事实进行因果分析、综合评判的过程。它超越了简单的历史理解和历史叙事，而更多的是以理性、客观的认知历史发展的整体性过程，并从宏观与微观层面规律性地解构和建构历史事物的多元发展特征。历史解释要以一定的史学理论作为历史解释的依据，"历史解释应是史论有机结合的产物，而在某种程度上也不存在没有理论基础的历史解释"。历史解释有其关注的范畴，它只是对历史事实本质的意义进行解释，在事物的发展变化中寻找历史发展的趋势与规律，并对其加以解读和说明。

历史理解和历史解释是一脉相承的历史认知和创造过程。历史理解重在认识历史事实，是回答"是什么"的思维过程，而历史解释则重在分析、解读、评价和运用历史研究的成果，将历史引向现实，是回答"是什么、为什么、我们应该怎样做"的思维过程。历史理解的意义在于认识过去，而历史解释的功用则在于如何借鉴于未来。历史理解是历史评价、历史价值观、历史意识形成的基础，为历史解释提供前提，而历史解释则使历史事实更易于被理解和认知。

三、思维性历史认知与能力和历史评价的形成

重新建构历史是历史学习者和研究者的共同议题。质疑谬误、独立思考、批判品评是在历史认知过程中逐渐形成的思维性能力。这一认知过程和思维能力的养成使我们对结论性知识抱有审慎的态度，不盲从未经考察的经验性知识。"批判性思维者的人格品质包括探索真理、思想开放、系统性、自信、好奇心。作为具有批判思维的优秀思考者，应该是批判精神和思维技巧两者皆具，不可或缺。"批判性思维与认知的过程可以"分为五个有

机环节：分析主题，判断信息的相关性与重要性，对观点、推论、主题和说明进行评价，构建清晰连贯的论证，形成合理的判断或决定。"对历史事实的常识性认知、历史理解和历史解释的渐进性思维过程就思维性认知和批判性思维能力的养成过程。

对史料的鉴别应该是思维性历史认知与能力的首要基础。剔除史料的主观性、非真实性的成分，认识史料的性质、语境、时代及史料作者的立场、动机、阶层、派别、身份和价值观等，进而判断史料的可信性和实用性价值。其次是对历史事物考证方法、观察角度的选定，以实践历史认知与思考的客观性、全面性和正当性，克服各种主观因素干扰下的对历史本真的探究，形成连贯、逻辑化的有效性认知。思维性历史认知与能力形成的过程既是一个怀疑主义的实践过程，又是一个实证主义的实践过程。"没有对历史的反思与批判，便不会有对现实的超越和创新。"

思维性历史认知与能力的最终成果是形成了一定的历史评价。历史评价是我们基于历史事实的历时性意义和共识性价值而形成的思维性历史认知，是我们对历史事实的价值认定，也构建了一个历史价值与现实价值之间沟通的桥梁。"新的时代环境、新的社会环境使人们会产生新的需要，从而会形成新的价值关系，在新的需要与新的价值关系之间又会产生新的历史评价。"这样，历史评价将统一性与多样性、稳定性与多变性、确定性与发展性很好地融合起来，历史评价也因此更具有科学性和发展性。

四、历史价值观与思维模式与习惯的养成

历史认知、历史理解与解释、历史思考与评价的最终结果是帮助人们形成成熟的历史价值观、健康的思维模式和习惯。何兆武先生曾谈到"什么是历史？什么是历史学？历史知识和理解的性质是什么？倘若不首先认真考虑并确切回答这些问题，就径直着手研究历史，那种历史知识就必然是盲目的而又混乱的，有如盲人摸象；那样的历史学就连所谓'科学的'历史学都谈不到，更遑论'人文的'历史价值了"。历史学科的特点是"它通过人的情感、意志等感性活动去领会历史的意义、价值和追求，关注人类的价值和意义等理想问题，追求人类认识的向善臻美精神。"历史教育关注"人"的智识的发展、人的群体的发展，关心人作为社会的存在的过去的、现在的乃至未来的发展。历史是培育人的民族认同和国家认同情绪的重要媒介。

历史认知、理解与阐释的另一个目标是帮助学习者和研究者形成积极的历史意识，养成思辨、反省的习惯和能力。"历史乃是文化在其中获得关于自己的过去的意识的一种形式。"历史意识水平的提高是历史的学习者和研究者对历史事实和现实的反思、判断和选择的结果。历史意识包括时代意识、发展意识，认同并尊重世界的多样性，尊重各民族、国家、群体的选择，对文明的差异具有包容的精神，具有世界视野和世界意识，胸怀天下，关照现实。正如余英时先生所说"真正的史学，必须是以人生为中心的，里面跳动着现实的生命"。

　　基于历史哲学视角探究的历史学科核心素养，首先要符合历史学科科学性的特质，其次要符合教育科学的对"人"的培育目标。对历史学科核心素养构成的分析与解读，不是通过简单地以阐释概念、列举构成要素的方式来进行，而应探讨其构成介质之间的逻辑联系，并将它的构成伸展为横向与纵向的关联网络，这样才能真正地构建出历史学科核心素养的体系。

　　历史是过去的事实，凡经过者均应客观而真实地记录与书写，而不是有意识的"选择性遗忘"和"选择性记忆"。这也是由历史本身和历史学科特点决定的。在书史、治史、教史和学史的过程中，需遵循历史学"本真"的原则和其内在规律与路径，避免走入虚妄、矫饰和片面的歧途。强调历史学科素养，要真正做到还原历史的本真和完成历史学科育人的使命，应以"学科素养"为重要任务和命题，探究历史背后的"历史"，最终解决历史"是什么，为什么，怎么做"这一历史哲学最基本的问题。

　　近年来，国际上兴起了关于"核心素养"研究的潮流，它反映了社会发展对于人的新要求。其中，经济合作与发展组织（OECD）和欧盟的研究成果是主流观点。前者指出核心素养是"覆盖多个生活领域的、促进成功生活和健全社会的重要素养"，包括"使用工具互动""在异质群体中工作"和"自主行动"共三类九种指标；后者则将其定义为"在知识社会中每个人发展自我、融入社会及胜任工作所必需的一系列知识、技能和态度的集合"。

　　这股研究的浪潮也波及中国，"核心素养"成为我国深化基础教育课程改革的新指向。钟启泉指出"核心素养是指学生借助学校教育所形成的解决问题的素养与能力，是作为客体侧面的教育内容与作为主体侧面的学习者关键能力的统一体而表现出来的，它是支撑'有文化教养的健全公民'形象的心智修炼或精神支柱"。朱汉国认为"所谓核心素养是指学生在接受相应学段的教育过程中，逐步形成的适应个人终生发展和社会发展需要的必备品格和关键能力"，进而认为"所谓学科核心素养是以学科知识技能为基础，整合了情感、态度和价值观在内的，能够满足特定现实需求的综合性品质和相关能力，它是学生学习该学科（或特定学习领域）之后所形成的、具有学科特点的关键成就"。

　　以上国内外关于"核心素养"和"学科核心素养"的研究对我们进一步探讨历史学科核心素养的内涵及构成有所启示。

五、历史素养与历史学科核心素养的内涵

　　关于"素养"，吴伟从四个方面做了解释：一是指修习涵养，即理论、知识、艺术、思想等方面的一定水平；二是指平时所供养；三是指素质与教养，即养成的正确的待人处世的态度；四是指平时所养成的良好习惯。"素"是指一种长时间积淀下来的内在品质或者素质，它包括知识、能力、品德、思想观念和方法等；"养"则包含后天的教化、培育、修习、陶冶等。据此，他认为历史学科呈现出的历史素养"是通过日常教化和自我积累而

获得的历史知识、能力、意识以及情感价值观的有机构成与综合反映；其所表现出来的，是能够从历史和历史学的角度发现问题、思考问题及解决问题的富有个性的心理品质"。

朱汉国在确定"核心素养"和"学科核心素养"含义的基础上，进一步指出"历史学科核心素养是历史课程的总目标，是学生发展核心素养在历史课程学习中的具体体现"，它"是学生在历史学习中获知的关键能力和个人修养品质，是知识与能力、过程与方法、情感态度价值观等方面的综合体现"。

刘俊利从认识论的视角（包括研究动机、研究抓手、研究过程和研究成果四个方面），在归纳历史学的学术特征基础上，揭示中学历史学科素养的基本内涵包括：现实意识、证据意识、问题意识、融合意识和分层意识。

毛经文认为历史学科在养育学生过程中所体现出来的独特核心素养"即是'时空逻辑、史料实证、发展眼光、多元联系、客观评判、置身理解'六个方面"，他希望学生在以后的人生中，时时、处处、事事都能具备"'基于时空与实证、立足发展与多元、善于理解与评判'的价值理念与素养"。

在考察大陆、香港和台湾的高中历史课标的基础上，张华中认为中学历史学科核心素养是"中学生为适应现在生活及面对未来挑战，所应具备的核心历史知识、历史思维能力以及认同、尊重和融入历史的态度"，并对历史核心知识、思维能力和态度进行了梳理和概括。他提出：核心历史知识应包括时间知识、空间知识、人物知识、史观知识；历史核心能力包括运用时空知识准确表达历史能力、理解历史的能力、解释历史的能力和运用史料的能力；历史核心态度主要包括对自身的态度、对民族、国家和社会的态度、对世界各国和各民族的态度。

综上，从"素养"的本义延伸看，历史素养应是个人通过历史学习而获得的历史知识、能力、方法与观念，或个人能够从历史学的角度来发现、分析问题且运用历史学的能力来解决问题的内在涵养，它由历史知识、能力、方法和观念等组成。历史学科核心素养则应具备关键性、稳定性、独特性、生长性和实践性的特点。首先，它是学生在历史学习过程中形成的、解决实际问题所需要的最有用的历史知识、最关键的历史能力、满足终身发展所必备的历史思维；其次，它是最能体现历史学科价值的关键素养，属历史学科固有，无法通过其他学科的学习来代替；最后，它是历史学中最具学科本质的东西，不因时代和国界的不同而不同。因此，从历史教育的价值取向看，历史学科核心素养应包含时空观念、证据意识、历史理解、历史解释和历史反思五个方面。

六、历史学科核心素养的构成

（一）时空观念

历史是发展变化的客观过程，任何过程都存在于时间和空间之中。时空性是历史学科区别于其他学科的、最为显著的特点。《义务教育历史课程标准（2011 年版）》在"知识与能力"目标中指出"了解历史的时序，初步学会在具体的时空条件下对历史事物进行考察，从历史发展的进程中认识历史人物、历史事件的地位和作用"，这正旨在学生时空观念的培育。由此，具体到中学历史教学层面，历史的时空观念主要体现为：一、了解基本的时间术语、分期方式和空间技能（如阅读历史地图）；二、掌握历史事件发生的地域、时段和顺序；三、认识历史事实的阶段特征和地域特征；四、理解特定时空下历史事件、历史人物产生和存在的意义。

（二）证据意识

历史的认识过程是通过历史证据的发掘来做出历史解释，这一过程必然要求证据意识的存在和引导。《义务教育历史课程标准（2011年版）》也在"知识与能力"目标中提出："初步学会从多种渠道获取历史信息，了解以历史材料为依据来解释历史的重要性；初步形成重证据的历史意识和处理历史信息的能力，逐步提高对历史的理解能力，初步学会分析和解决问题。"对应经合组织总结的核心素养，证据意识也可归属于"使用工具互动"这一核心素养的范畴。因此，无论是历史学本身的要求还是从历史教育的价值取向来看，都必须培养学生的证据意识。中学历史教学层面的证据意识具体表现为：一、了解历史材料的不同类型，区分材料的来源和性质，认识其对解释历史的价值；二、自主查找和收集材料，判断材料可靠性，规范地运用相关材料解决问题；三、能够使用材料的证据来检验自己提出的假设，且推理、论证过程严密。

（三）历史理解

历史的发展受到一定的政治、经济、思想文化等因素的影响，这要求我们应尽可能客观地去理解历史。《美国国家历史课程标准》将历史理解作为学生历史思维能力的基本要求："能够理解地阅读历史陈述；能够识别陈述结构中的基本要素（人物、状况、事件的前后顺序、起因、及结果）；能够欣赏文学作品、艺术作品、文物及那个时代的其他记载所反映的各种历史观点；避免'从现在出发的主观臆断'。"它旨在培养学生从当时人的眼光与经历看待历史，而不是用今天的标准和价值观来生搬硬套地评判过去。结合我国中学历史教学的实际，学生历史理解的素养主要表现在：一、能够理解历史文本呈现的主要内容及其意义；二、设身处地认识具体的历史事实，并形成合理的想象与理解；三、理解历史的原因与结果、动机与效果、必然与偶然；四、认识历史文本的客观性、主观性和历史局限性。

（四）历史解释

历史只能透过史料证据来重新建构，所有的历史在本质上都是对过去的一种解释。"历史理解"旨在通过设身处地的认知以尽可能接近无法全然再现的过去；"历史解释"则是以历史证据和历史理解为基础，有意识地对过去提出系统性的、合情合理的、因果关系式的说法。我国台湾地区《普通高级中学必修科目（历史）课程纲要》对学生解释历史的能力提出以下要求："能对历史事件的因果关系提出解释；能对柜关历史事件、现象或人物的不同重要性提出评价；能分辨不同的历史解释，说明历史解释之所以不同的原因。"这种能力旨在培养学生形成自己的关于历史的解释，成为有批判性的思想者。因此，中学生历史解释素养的培育需要实现：一、能够通过分析、综合、比较、归纳等方法认识历史，准确解释历史事实发生的因果；二、运用口头、书面等方式陈述历史发展的基本线索和各种联系，全面客观地解释与评价历史事件和历史人物；三、能够史论结合、建构自己对历史的解释，能够运用正确的史观对不同的历史观点作出评价。

（五）历史反思

"以史为镜，可知兴替""读史使人明智"，这些都是在强调历史反思给予人类智慧的成长和正确价值观的形成。《义务教育历史课程标准（2011 年版）》和《普通高中历史课程标准（实验）》都在"情感、态度与价值观"的目标中关于爱国主义、国际理解、民主与法制观念、人文主义、科学态度等历史价值观做了具体表述。历史反思的意识与能力表现在对于历史问题的理性思考，这一反思的过程也是个人人生观、价值观和世界观的形成过程。学生历史反思素养的培育可通过：一、感悟人类历史上的优秀文化成果，体会一定的价值观念、行为和制度对社会发展的影响；二、对历史人物抱有同情的理解，从其经历中汲取有利于自身发展的教益；三、理解中外历史发展的多样性与特殊性，运用科学的历史观和方法论，客观、全面地看待历史与现实问题。

我们的学生终将离开校园，当他们走进社会时，历史学科唯一能够带给其终身受益的便是他们在学习历史的过程中形成的这些核心素养。时空观念能够让他们养成在具体的时空下考察和认识现实社会的习惯；证据意识能够赋予其实证和理性精神；历史理解能够让其形成尊重、理解他人与客观处理问题的态度；历史解释能够让其以全面、发展的眼光来看待和评判社会与生活中的问题；历史反思则可以让其从历史上汲取诸多教益，最终在实践中体现历史的价值。

第三节　大学生科技哲学理论素养

进入 21 世纪以来，在社会经济稳健发展的势态之下，科学技术哲学的研究领域也进一步扩张，基于传统模式下所研究的主要内容为自然观以及科学观，而近年来则向自然哲学与科学哲学等方面延伸。本节在分析科技哲学的前沿的基础上，进一步对科技哲学的发展趋势进行了探究，希望以此为科技哲学的稳健发展提供具有价值的参考依据。

现状下，对于科技哲学的研究，重点放在了科学技术方面，与此同时科学哲学与自然哲学，则属于科技哲学研究过程中的延伸部分。科技哲学相关联的问题很多，并且具有较强的针对性，能够对人们的思维方式以及生活方式产生极大的影响。科技哲学如果能够对知识结构创新的问题进行深入研究，那么将会使科技哲学所研究的领域范围进一步扩充，从而对社会经济的发展带来有力地推进作用。鉴于此，对"科技哲学的前沿与发展趋势"进行分析与探究具有较为深远的重要意义。

一、科技哲学的前沿分析

（一）思想流派纷呈方面

科学文化哲学在现代西方文化科技中的研究中占据重要位置，例如女权主义以及后殖民主义便是耳熟能详的哲学文化，并且这些哲学文化有助于人类文明的进步。进入二十一世纪，在自然科学范畴当中，人文社会科学逐渐渗透进来，虽然女性主义在科学界所维持的时间较为短暂，但是从认为社会科学的角度分析，可以看出它从独特的视角很好地对主体科学进行了理性的批判。与此同时，还构思了有关女性主义科学的一些假想及实践。对于哲学研究来说，显然不仅仅局限在上述所论述的内容当中，还涵盖了政治、文化、科学以及技术等，这些均会对我国科技哲学产生尤为深远的影响。

（二）意识形态批判方面

对于科学文化哲学来说，里面所研究的学科及内容诸多。我们知道学科之间是存在一定程度上的差异性的，进一步便会呈现科学划界等呈现上的问题。以所发布的学术论文为依据，可以看出科学文化哲学意识形态是存在批判这一特质的。通过批判便能够认识问题的存在，从而剖析问题的根本，为解决问题提供有效依据，这显然也是科技哲学值得深入研究的关键优势一致。结合近年来在各大学术权威网站所发表的文章来看，基于科学文化哲学中有关于意识形态批判的文章占了 3.6%。从学术分支广泛的层面分析，这一数据很好地说明了现状下在科学文化哲学中意识形态占据有利地位。对于哲学文化批判讨论来说，其前沿问题主要体现在两大方面，其一是科学，其二是人文。因此，科学主义与人文主义两者之间所存在的相关性成了诸多学者所研究的对象。有学者经研究表明：在人文与科技哲学两者充分融合的前提下，才能够使哲学科技充分有效地发展起来，进一步使科学文化哲学在促进人类发展过程中的作用充分有效地展现出来。

（三）科技哲学的热点问题分析

对于未知世界，吸引了大批学者进行探索，并且在探索过程中通常带有极为强烈的哲学思辨色彩。这是由于未知的不可预知性，在事实缺乏有效证据的前提下，哲学思辨便发挥了一定的作用。恩格斯说过："历史在发展演变过程中的不同时期所呈现出来的丰富经验能够对自然科学的研究起到极大的帮助。"这说明了，自然科学的研究需要依赖于历史，并将历史作为自然科学理论在构建方面的重要参考凭据。在哲学学术界，科技哲学对人类命运的关注属于一大热点问题。比如 20 世纪 70 年代引起重点关注的年里约会议中所表法的有关保护全球黄金的国家元首宣言。世界各国均将此问题称为"21世纪议程"，并且该问题引起了世界各国的充分重视。

二、科技哲学的发展趋势探究

（一）科技哲学将延伸到对自然界进行研究

对于科技哲学来说，其内容是包括了诸多观念的，比如世界观、方法统一论以及马克思主义哲学论等。基于科技哲学发展历程分析，它能够对自然界自身的辩证法进行研究，从而形成独特的科学自然观。显然，科技哲学在未来发展过程中，将延伸到对自然界进行研究，从而形成正确的科学观与自然观。随着科学问题、社会问题以及自然问题等一系列问题的出现后，便能够形成合理性高的自然哲学，基于自然角度将天然自然和人工自然两者进行有效区分，进一步为解决社会问题与自然问题提供充分有效的保障依据。

（二）科技哲学的多元化发展

科技哲学要想在未来中更具发展空间，朝向多元化发展是一大必然趋势。所谓多元化发展便是和社会科学、人文科学等充分融合，从而使科技哲学的研究更加丰富、更加具有价值性。对于人文科学问题来说，主要体现在对人生观、价值观的思考，主要研究人生的意义何在。换而言之，便是研究"人为什么要活着，为什么而活？"对于这个问题，百家争鸣，各抒己见，马克思主义与非马克思主义的回答所作出的回答存在很大的不同。但是，对于物质决定精神这一学说，我们是无法否认的，因此正确答案只有一个。最为明显的例子便是，西方一些较发达国家在发展过程中，受到科学技术发展的影响，其自身传统价值观念也会随之改变。针对"物质决定精神"这一学说，对其进行透彻理念，便能够看出为什么美国洛克菲勒家族会将自身所持有的家产贡献出来，从而设立慈善机构，并且建设学校。对名牌大学进行创办，从某种意义上而言，便是对资本私有制进行否认的最好解释。总之，美国洛克菲勒家族将自身所持有的家产拿出来做慈善事业的行为正是对学术研究的最好支持。与此同时，该家族的这种做法也是科技哲学与社会、人文等多元化融合的有效体现。做好科技哲学与社会科学与人文科学的充分融合，能够使科技哲学的科学基础更加扎实。除此之外，在新的学科纷纷呈现的基础上，便极有可能会产生一些分支学术研究内容，比如生物工程、生命科学等。在这些研究领域加以完善，显然能够为社会的进步带来不小的推进作用。

通过本课题的探究，认识到21世纪科技哲学的前沿主要体现在三大方面：其一为思想流派纷呈；其二为意识形态批判；其三为科技哲学的热点问题。从科技哲学的前沿的角度分析，可以发现科技哲学与人文哲学、社会哲学等密不可分，能够让人思考人生观、价值观等问题，同时深入研究还有助于现代社会经济的发展。除此之外，作者认为科技哲学要想在未来发展过程中更具发展前景，一方面需要将科技哲学向自然界的研究领域进行延伸；另一方面需要让科技哲学朝向多元化方向发展，与社会科学、人文科学进行充分融合，从而使科技哲学研究内容更加丰富、更加有价值。

三、科学社会学对科学技术哲学的价值

科学社会学对于科学技术哲学的价值主要表现在以下几个方面。

（一）开阔研究视野

众所周知，我国的科技技术哲学研究主要来源于两个方面，一个就是恩格斯的自然辩证法，另一个就是西方科学哲学。不可否认，西方对于科技的研究比我们多得多。现在就这两个研究理论提出看法，自然辩证法中的科学研究主要是哲学层面上，主要考虑社会与科学之间的联系。研究重点在于自然辩证法的理论前提。而西方哲学主要的研究思路就从科学的层面入手。将这两种研究思路结合来看，两者都缺少对于社会和科学之间的联系的研究。因此，科学社会学中研究的问题对于科学哲学来说有着开阔视野的作用。如果将两种学科结合起来，能够使得人们对于科学的认识更加全面，在当前的社会背景下，也有越来越多的人将科技哲学的研究领域拓展到科技社会学的层面上。

（二）提供研究素材

科学社会学对于科学哲学的第二个益处就是科学社会学能够为科学哲学提供更多的研究素材。科学社会学更贴近现实生活，在研究科学社会学中大多会采取实例分析来研究。而科学社会学中的研究素材对于科技哲学也同样适用。首先，科技社会学能够为科技哲学提供进一步的研究基础。其次，也对于科技哲学的研究能够起到启发作用。很多时候，经验之谈对于科学研究是很重要的。最后，两个学科相互联系，能够提供更多的研究思路。

（三）深化理论观点

在当前我国的研究形势下，我们不可否认，我国对于科学社会学的研究来源于欧美国家，很少有我国的研究者能够真正地成为科学社会学的代表人物。反观欧美国家的科学社会学代表人物，他们大多都有丰富的学术知识和较高的科学素养，尤其是每个社会学家都有自己的哲学渊源，能够形成多种社会学流派。正是因为这些社会学家都有自己的理论观点和代表思想。所以，科学社会学能够给科技哲学带来新的冲击。科学社会学能够给科技哲学带来一个新的发展机遇，同时科学社会学对于科技哲学来说也是一种挑战。有挑战就有进步，科技哲学的研究者通过对科学社会学中的问题进行研究。能够使得科技哲学的理论知识更加丰富，深入研究问题有助于提高研究人员的自身水平，对于科技哲学的研究来说，这无疑是一件好事。科技哲学研究者通过对科技社会学的研究可以发现，在科技哲学的研究中考虑的社会问题也会更多，偶然因素和非理性因素也会纳入研究的范围。从更深的层面上说，通过研究科技社会学中存在的问题能够深化科技哲学的观点。

现代科技概论课程作为文科物理课程的衍生课程，为培养大学生的科技素养发挥了十分重要的作用。对于众多的普通高校本科大学生来说，提升他们的科技创新能力的前提条件是使他们接受严格的科研训练，要让他们先对科技有个了解和认识，所以开创了现代科技概论课程是对大学生的科技素养提升的一个必要途径，也是一个可以从某种角度提升大学生创新意识和创新能力的有效效果。开创的现代科技理论课程对大学生人才培养是重要的组成部分，再加上严格的科研训练来提升大学生的理论知识，有了完整的知识，结构才能联系确切的实际。在很多的普通高校中开设了这门课程不仅可以促进学校教师团队的教学水平和业务提高，还能有效的锻炼学生的科研能力，并增强他们的科技研究个性化，甚至还可以有效地提高学生们的科学素养。科学本就是枯燥乏味的研究学科，要想使学生们学好，现代科技概论课程就必须培养一个精英教学的教师团队以此来培养学生们对科技研究的兴趣。我们要积极开展创新教育活动，设立相关的规章规范，为本科大学生们营造出一个良好的科研训练活动范围和质量，要从理论知识和实际训练这两个方面进一步提升大学生们的创新精神和科技素养。

科技社会学给科技哲学带来的经验主要是研究方法上，能够更好地将理论知识升华，得到新的研究思路。在当前的科学研究模式下，科技社会学越来越向科学哲学靠拢，所以说，科学技术哲学汲取科学社会学的养分，能够使得科学科技哲学更好的发展。

四、现代科技概论课程的开设对大学生科技创新的必要性

（一）加强对理论知识的认知，形成完整的知识结构域

我国科学技术的发展相对于其他发达国家来说起步较晚，还由于自身的基本国情和政策，每一届的考生都注重成绩而轻视实践，即使在上学期间也没有得到很好的练习甚至是没有训练的情况。久而久之就会形成了一种教师和学生们侧重于知识点而忽略了基本技能与实践的不良习惯，我国的学生普遍有这样一个特点，那就是无论什么样的考试题我们都可以对答如流，但一谈到实际动手能力时就会相对于其他国家的孩子们较弱，经长期影响下导致我国的大学生缺少了创新意识和实际操作的创新能力，开设现代科技概论课程就是要弥补大学生们狭窄的知识面，开拓了他们综合运用能力和实际技能以及科技素养等综合能力，为的是可以满足于当代快速发展的社会经济发展和科技水平的提高。针对这一课程的内容，通过教师们的指导使学生们对某一方向或专题进行探讨研究，用理论知识联系实际，把书本上的知识点和各个概念渗透到实践中，还可以通过自己的判断和社会的走向来了解当前学科专业发展的前景和最新动向，让大学生们积极的吸取知识开拓他们的视野，从而进一步形成完善的知识结构来提升大学生们科技素养。

（二）提升科技素养，增强科研训练能力

科学研究是什么？它又有怎样的意义呢？根据联合国的权威组织来定义科学研究是这

样的，所谓的科学研究就是要有规律性系统性的进行开创性的工作，这是为了增加有关于人类的文化的社会等知识储备，运用知识来设计新的应用。严格的科研训练是让大学生们能够在参与科学研究的全过程的同时还能明确科学研究的基本方法，以此来提高大学生们科技素养。开设这门课程是让大学生们运用所学的知识去发现并解决问题，增强他们的科研训练能力。遇到实际问题可以有效地分析问题。可以说开设现代科技概论这一门课程和严格的科研训练是必不可少的，运用相应的知识点是大学生们掌握科学研究的基本步骤和方法，在面对科技研究时更加严谨的工作，培养大学生对科技研究的兴趣，进一步提升他们的科技素养和增强他们的科研训练能力。

五、明确现代科技概论课程目标定位，提高大学生科技素养

现代科技概论课程是一个综合性很强的学科，这门课程的开设对全面培养和提升大学生科技素养有着积极的作用。不论是文科还是理工科的学生都会存在科技素养较低的现象，他们还存在着创新能力与精神不足的问题。科学教育不止针对某一类学科的对象，而应该是面向全体学生。科学包括人文科学、自然科学等，虽然各个学科之间各有千秋，但又有相通之处，这启迪我们要有创新能力与开拓精神。已经确立课程教学目标，还要明确培养当代大学生科学素养的基本维度，让他们运用所获得的科学知识来定位科学知识界定的问题，解释眼前的科学现象并对其作出相应的科学依据的推论。使当代的大学生们明确科学是人类进步的体现，了解科学技术是如何创造我们的物质文明和精神文明，开设这一课程来促进大学生科技素养有着积极作用。

人类只有不断地创新和开拓才会有更高的物质追求和精神文明的升华。所以说科技的进步关键在于创新是没有错的。很多大学生还缺乏创新的能力和意识，一个民族的进步需要创新，一个国家的进步也需要创新，可以斩钉截铁地说创新是进步的灵魂。大学生们是国之栋梁，是国家注重培养的对象，他们的创新能力是国家发展的不竭动力，培养大学生的科技素养和科研训练能力对促进祖国的繁荣昌盛和稳定以及人类社会的发展是非常重要的。开设现代科技概论课程的主要宗旨是弘扬科学精神，提高大学生的科技素养。教师们在教学过程中应该围绕创新精神教育为中心，以理性精神和求实精神教育为两个基本点来展开对大学生们的科学精神的教育，这也是开设这门课程的真正意义。

第三章　大学生人文素养基础理论

第一节　大学生人文教育导论

　　人文教育是培养人的独立思考、自主意识、正确自我认知和发展的重要途径，本节从人文和人文教育出发，阐述了人文教育的必要性，大学人文教育中存在的问题及提升大学生人文素养的途径。

一、人文教育的起源发展

　　"人文"就是人类文化的简称，是人站在自身或者其他角度，用自己或别人提出的方法对世界中已知或未知存在的客观事物或现象进行理性思考而总结出的符合世界发展规律的、又能被大众接受的属于个人主观的知识点。

　　人文是一个动态发展概念，随社会和科技进步其内涵和外延在不断丰富。人类文化的各种现象就是人文，这是《辞海》的表述。人类或民族或种群所具有的共同符号、规范和价值取向就是文化。而文化的核心是价值观，主要内容包括习惯、道德、法律规范等。无论在西方还是在东方，无论是在中国还是在外国，人文作为人类文化的一种基因，作为一种朴素的习惯和意识，源远流长。作为社会潮流，普遍文化，成为更多人、更大人群共同具有且发展为稳定之价值观及其规范，出现在我国春秋时代。傅斯年先生曾经指出：春秋时，人道主义固以发达，"人文"一词最早出现在《周易》"贲"（六十四卦之一）卦，"文明以止，人文也"，指修饰，修饰出美，故曰"美在其中"。

　　人文12世纪时通过阿拉伯人传到西西里的罗杰二世与英格兰的亨利二世朝代，15、16世纪文艺复兴时期得以昌明，法国启蒙运动、美国独立宣言和法国人权宣言时期得以形成，一百多年前马克思、尼采、罗素时期得以反思，在开始于20世纪中后期的现代时期得以发展飞跃。联合国在人文发展期发表的两个人权宣言是人文法制化、国际化的标志，马斯洛提出的需求层次理论和个人自我价值实现的论点，成为现代人文思想杰出的代表，推动其达到巅峰之境。

　　伴随着历史进程，人类社会已经发生了深刻变化。人文革命——文艺复兴运动，科技革命——近代科学相继诞生，并由此出现两大观念：一是人文观念——尊重人；二是科学观念——尊重规律。随后而来的是始于蒸汽机时代、到电气时代直至电子时代共三个阶段的工业革命，人类社会更是因此而巨变。

人类社会在 20 世纪又发生了以信息化、知识化、民主化、全球化为标志的一场新革命。社会本身和人的社会地位都发生了根本性改变。从过去人被视为"工具人和经济人"，发展到当今社会的"社会人和文化人"。个人价值不仅得到充分承认，而且人和人相互沟通与相互认同能够顺利实现。

人文是一种思想和观念，但同时人文也是一种制度和法律。人文思想是建立人文制度的理论基础，人文制度又是人文思想得以实现的制度化和法律化之保证。人文真正确立的标志是人权观念的诞生、人权法制化、人权法律化、人权国际化。对人权观念的认识和人权的发展是实现人文思想的根本保证。由人民出版社出版的《童子问易》强调："《易经》讲，物杂成'文'，乾道变'化'。阴阳矛盾相博弈的表现无非就是'文'与'化'，世界各国的最终较量也在于文化。"我们要重新赢得世界尊重，还须依靠悠久灿烂的文化传统。

人文教育是指教育者对受教育者所进行的一系列实践活动和意识活动，进行一种"目的在于促进人性境界提升、理想人格塑造以及个人与社会价值实现的教育"，人性教育是人文教育的根本，人文精神的涵养是人文教育的核心。"人文教育迄今为止并没有一种确定且公认的含义，而通常认为表达着以下几种含义：一是人文主义教育，二是人文学科教育，三是关于"成人"教育。人文教育的基本内涵被多数研究者定位于关于"成人"的教育，即第三种。稍加注意就会发现：人文文化和科学文化具有统一性。树立和培养人是教育的根本出发点，并应在价值观念方面确立人本位与社会本位的辩证统一观，注重基础性教育和专业性教育的融合一体性，而非排斥分离性，在此基础上如果吸收前两种人文教育所表达的基本精神，那么人文教育被界定为成人教育之观点就彰显其高度了。人性教育是人文教育的核心，人文教育核心是涵养人文精神。需要通过文化知识滋养，文化氛围陶冶，文化传统熏陶和人生实践体悟等多种途径来逐步实现，不但需要重视由外至内的文化养成，而且需要心灵觉醒和强调自我体悟，要求理解和重视人生意义，并以"老吾老，幼吾幼"的精神关爱社会关爱他人。

人文教育的本质乃是弘扬人性，以人文精神为价值取向的教育。加强大学生人文教育，提高大学生的人文素质，已经成为我国高等教育面临的迫切任务。为此，我们必须下大力健全高校的人文教育课程体系，强化教师的人文素养提升，全方位重视校园文化建设。

二、人文教育内涵及大学生接受人文教育的主要途径

（一）人文教育内涵

"人文教育"是当今教育理论界应用比较普遍的一个专业术语，尤其是 20 世纪 90 年代以来，"人文教育"一词的使用变得相当广泛。然而，对于人文教育的内涵，国内外学

术界并没有一个严格统一的界定。笔者通过对人文教育历史发展和演进的概括研究，认为人文教育的本质乃是弘扬人性，以人文精神为价值取向的教育。它以对学生主体性的尊重为前提，以个人潜能的最大发展为目标，以发展学生正确处理本我和自我关系、人己关系、物我关系的能力为目的，指导学生的行为朝着合人道、合规律、合人类共同利益的方向发展。

（二）大学生接受人文教育的主要途径

1. 人文课程

人文课程主要包括政治类公共必修课程和人文类选修课程。政治类公共必修课作为人文教育、通识教育的主阵地，无论是培养"通才"或是"专才"，其所能发挥的巨大作用都是毋庸置疑的。选修课作为人文教育一个重要的补充方面，以提供丰富多样的课程来增强学生选择的灵活性与自主性，充分激发学生的学习潜能，以促进学生的既全面又个性地成长。

2. 教师的人文关怀及知识传授

在人文理念真正走入学生心灵，影响学生为人处世的教育过程中，教师发挥着巨大的作用，其言谈举止、学术素养等都会潜移默化地影响学生积极价值观的形成。影响教师对学生进行人文教育的主要因素有：教师本人的人文素养、专业课上的人文知识传授和师生互动交流中的人文教育。

3. 校园文化环境

校园文化环境潜移默化地影响着大学生人文知识的积累、人文素养的形成及人文精神的熏陶，健康高雅的文化环境对于大学生的成才成长起着不可低估的催化作用。高校校园文化的主要载体有：图书馆、人文知识讲座、学生活动、社会实践和宣传教育媒体等。

三、大学生人文教育现状及需求调查

（一）大学生人文教育现状

长期以来，我国的高等教育过分强调科学教育的重要性，甚至以科学教育代替人文教育，导致我国的人文学科教育落后于西方国家，引发了诸多社会问题，也不能适应我国改革开放和经济社会发展对高素质人才的需求。因此，加强大学生人文教育，提高大学生的人文素质，已经成为我国高等教育面临的迫切任务。

自 1995 年以来，高校开始逐渐重视并实施人文教育，高等教育中专业教育过窄、人文教育过弱的现象得到了一定改善。但是，高等教育中"重理工、轻人文"的倾向仍然存在；大学校园中商业气息屏蔽人文氛围的现象比比皆是；大学生信仰危机和价值观的迷失也非常普遍。目前各高校虽然对于人文教育的重要性有一定认识，但在落实中却存在诸多的问题：高校领导、教师和学生对人文教育的理解不到位，课程体系不够规范，学生及教师素养还需提高，等。在人文教育推进过程中，教育管理者应该考虑学生到底需求什么样的教育模式。本文通过对综合性大学本科生的抽样调查，从大学生需求的角度探索加强大学人文教育的改革对策。

（二）对大学生人文教育需求的调查研究

本研究以地方大学——温州高校的在校专科生为调查对象，选取 25 个专业的学生 900 名，采用问卷调查法和访谈法进行抽样研究。旨在从大学生对人文教育的不同需求中，描述这一群体需求现状的主要特征。进而针对其需求与受教育现状间的矛盾，对大学人文教育提出建设性的建议和对策。

（三）对人文类课程的需求

1. 政治类公共必修课程

多数学生认为该类必修课知识体系较完善，能够发挥人文教育主渠道的作用。但课堂教学质量有待提高、课程体系结构有待进一步完善。被调查学生普遍对艺术、文学、历史学类的课程兴趣较高，认为有必要增设《大学语文》作为公共必修课。

2. 人文类选修课

多数学生认为现有人文类选修课在教学质量、课程种类等方面不能较好满足他们的需求，希望能够增加文史哲类的选修课程，其中女生对艺术类课程的兴趣高于男生，对于理工类课程的兴趣要低于男生。

（四）对教师的人文关怀及知识传授的需求

对教师人文素质状况的调查表明，大多数学生对于教师的人文素质持积极的肯定态度，认为政治类公共课老师和专业课老师都具有一定的人文素养。多数学生希望专业课老师能在课程上渗透社会热点话题、交往艺术、文化历史、哲学思辨方面的信息。

（五）对校园文化环境建设的需求

调查显示，图书馆能满足各年级、专业学生的基本需求；对于高质量人文讲座的需求较突出，其中人文社科类学生的需求更加显著；对于校园文化活动，多数学生认为大部分都流于形式，没有文化内涵；对于社会实践类活动，多数学生表示很感兴趣，但是缺乏经验和参与渠道。其中女生认为很感兴趣但缺乏实践渠道的比例要高于男生，男生对于此类活动持消极态度的比例要高于女生。人文社科类学生的实践行为及态度要好于自然科学类学生。

四、加强大学生人文教育的建议及对策

通过对大学生人文教育现状及需求调查研究，笔者认为加强当代大学生的人文教育应该从以下几方面着手。

（一）健全高校人文教育课程体系

在大学教育中，人文教育与人文课程是密不可分的，人文教育的价值属性需要依赖于课程来实现。人文教育的关键在于它能够提供多少可以转化为学生心灵的东西。在今日的大学教育中，课程比专业更基本、更关键、更重要。课程是大学教育质量和特色的基石，人文课程的设立和完善对加强大学生人文教育显得尤为重要。

笔者认为人文课程的设置应具有根基性、导向性、统领性、互补性、和谐性、民族性和本土性等特征。人文课程不仅要传授知识，更需要为受教育者提供一种生活的职业训练。做好高校人文教育课程体系的设置与完善，应该做到以下三个方面。

1. 构建科学的人文教育课程体系

首先，要给人文类课程以足够的重视和充足的学时。大学本科生的课程主要由公共必修课、专业基础和必修课、专业选修课和公共选修课几个模块组成，我们认为包括政治思想教育类、历史类、体育、外语、计算机类课程在内的公共必修课，以及不同学科相互交叉指定或任选的文学艺术与科学教育等课程，总计学时不应少于大学三年总学时的28%。

其次，在具体课程设计时，既要体现综合大学文理科之间的差异，又要考虑到不同类别课程的交叉对大学生人文知识的构建和科学精神培养的潜在影响，还要综合考虑各学科类别的学生所具有的不同的知识基础。

2. 强化通识教育意识，促进专业课程教学中人文教育的渗透

在高校课程设置过程中，人们往往把人文教育与科学教育完全隔离，阻断了人文教育在科学教育专业课程中的有效实现。随着人文教育研究的广度和深度不断加强，越来越多的人意识到人文教育的实现需要加强与科学教育的有效结合。实现人文知识在专业课程中的渗透，需要不断加强通识教育意识。19世纪初，美国博德学院的帕卡德教授在《北美评论》撰文中就曾写道："我们学院预计给青年一种共通的教育，一种古典的、文学的和科学的，一种尽可能综合的教育，它是学生进行任何专业学习的准备，为学生提供所有知识分支的教学，这将使得学生在致力于学习一种特殊的、专门的知识之前对知识的总体状况有一个综合的、全面的了解。"西方高校特别是美国的人文教育发展到今天已经系统化和具体化，而我国大学教育仍有很大的不足，不能真正满足人文素质教育发展的要求。因此，加强通识教育意识，使人文教育进入科学教育这个大学教育的主渠道，才能真正在大学教育中得到充分体现。在专业教育中融入人文教育，让学生在潜移默化的过程中提高人文素质。

3. 推进人文教育课程教学内容与方法改革

针对大多数学生非常希望教师能避免"一言堂"模式的教学，更倾向于"以有趣的活动吸引学生参与到课程的学习"的学习需求。笔者认为非常有必要推动人文教育课程教学内容和方法的改革。

首先，在人文课程教学内容的选取上要注重人文方法的传授。人文方法是指人文思想

中所蕴含的认识方法和实践方法。人文方法表明了人文思想是如何产生和形成的。学会用人文的方法思考和解决问题，是人文素质的一个重要方面。科学方法强调精确性和普遍适用性；而人文方法强调确定属性，强调体验，与特定的文化相连。

其次，在教学方法改革上，要加强课堂教学方式改革以及课外文化素质教育实践基地建设。教师在组织课堂教学过程中必须带有亲和力，不能"独断专政"，要让学生有一定的自由度，充分调动学生参与到课堂中来，整合各方面的因素，把练习和延伸拓展进行优化设计。这样的课堂才有活力、有智慧和情趣，才能真正让学生成为学习的主人；在课外实践环节上，积极建立大学生文化素质教育基地。建设大学生文化素质教育基地，要依托学校所处地域的文化条件和资源优势，充分利用历史文化资源，组织学生开展历史文化考察和民间文学采风活动等实践活动，鼓励学生申报与地方历史文化相关的研究性课题，在教师的指导下，形成研究成果，从而促使学生在丰富多彩的地方文化实践活动中感悟中华文化的人文精神与人文力量，促进人文知识对学生心灵的渗透，对学生的身心发展起到量变式的启发和影响，进而阶梯式地达到质变效果，让学生受益终生。

（二）加强教师人文素养的提升

转变教育观念是加强人文教育的基础，改革、完善教学体系是加强人文教育的根本手段，而提高广大教师的人文素质是加强人文教育的首要前提。

教师的人文素养就是教师所具有的人文精神及教师在日常活动中体现出来的思想、道德、情感、心理、性格和思维模式等方面的气质和修养。教师人文素养的提升要求教师自身要不断地加强人文知识的学习，同时，具备在实践活动中能够广泛应用人文知识的能力。

由问卷调查可以知道，学生普遍希望老师在传授专业课知识的同时渗透一些社会热点话题的信息（70.4%的学生认同），还有相当一部分学生希望老师传授一些人际交往、公关礼仪等方面的知识。据此我们认为，全面提高师资队伍的人文素养，从以下几方面着手更为有效。

1. 要加强学科间交流，改善和优化教师的人文知识结构

由于我国院校长期以来实行重"专业"轻"基础"人才培养模式，教师只重视本专业知识的要求，而忽视了对其他专业知识的掌握和了解，由此出现了大学理工类教师的人文素质相对较弱，而文科教师的科学素养相对较低的现象。教师文理不能兼通的局限，使得学生既不能在科学教育中充分感受到人文的熏陶，也无法在人文教育中体会到科学的力量。为此，加强学科专业间的相互交叉，促进不同专业教师间的相互交流，已成为学校专业人才培养方案设置，以及改善教师人文知识结构中一个亟待解决的问题。

2. 教师要广泛阅读，更加开拓自己的视野

从我们的调查分析可知，多数学生希望能在课堂学习中能学到更多的课外知识。所以作为教师，既要关注社会热点现象，也要注重优秀的文化传统学习。教师应努力完善自己的知识结构，因为只有"完整"的教师才能培养出"完整""健全"的学生。

3. 强化教师的责任意识

人文教育不仅仅是掌握一门"交际礼仪"或"音乐鉴赏"，而是在于引导学生懂得人类社会的价值，包括生存的价值、社会的价值、美学的价值等，通过这些价值导向作用，使学生成为有个性、有思维、有境界的人。这就要求教师在教学工作中要有高度的责任感和敬业精神，能够做到身体力行，不断提高自己的人文知识和业务水平。

（三）加强校园文化建设

校园文化是学校本身形成和发展的物质文化和精神文化的总和。由于学校是教育人、培养人的地方，因而校园文化一般取其精神文化之含义。即学校共同成员在学校发展过程中，逐步形成的包括学校最高目标、价值观、校风、传统习惯、行为规范和规章制度在内的精神文化，以及校园建筑、校园景观、绿化美化等物质文化，其中以精神文化为第一要义，因此，校园文化是师生精神风貌、思维方式、价值取向和行为规范的综合体现。它在一定程度上彰显了学校发展的独特理念与发展特色，可以说，改善校园文化环境是加强人文教育的重要途径。

1. 丰富图书馆人文类书籍，开展"名著阅读"活动

在调查中得出 78.5% 的同学认为图书馆的人文类书籍能较好满足他们的需求，但是仍需丰富。高校图书馆应该在丰富人文社科类书籍的同时，通过开展"名著阅读"等活动，提高学生阅读人文经典著作的兴趣。

2. 提高校园文化活动质量

我们调查到有 88.4% 的同学认为学校比较缺乏人文类讲座，而自然科学类专业的学生对于此类讲座的需求更加强烈；对于校园活动，66.3% 的同学则认为目前大部分活动流于形式，并无文化内涵；对于一些社会实践活动，人文类的学生则表现出极大的积极性，但是学校提供的平台较少。针对此类现象，学校方面应加强校园文化建设，一是增加高质量人文类讲座的举办，同时做好宣传工作，让学生有更多的机会与大师接触、与名家接触，体悟人文精神之美；二是开展健康向上、格调优雅、内涵丰富的学生文化活动，对学生会、社团等组织的活动严格把关，防止活动过滥、过杂、过吵，坚决杜绝"形式主义"；而对于社会实践活动，除每年暑期各学院、社团组织的实践活动外，建议各学院增强实践基地的建设，让学生能够在暑期获得实践学习的机会。

3. 提升校园"软""硬"件水平

作为育人场所的学校，在校园建设中要充分体现人文关怀，着力营造书卷气息和儒雅氛围，为人文教育提供良好的外部环境。为此，应当做到：一是要精心设计，构建绿化、美化、知识化的校园环境；二是要与时俱进，倡导开拓、进取、创新的人文环境；三是要以人为本，优化发展个性、培养特长的活动环境。

五、加强人文教育提升大学生人文素养的途径

（1）确立合理课程比例，适当加大人文学科学时。应由教育主管部门提出要求，采取强制性和自我激励的双重措施提高学校和学生对人文学科的重视程度。选好选准突破口，确定人文教育内容。人文教育的范畴和内容应当涵盖社会科学的大部分，包括文学、艺术、历史、政治、法律、音乐、美术等，具体教学内容在与时俱进的同时，也应该具有永恒的、不变的经典部分。

（2）建设亮丽校园文化，塑造良好人文环境。强制性课程的设置目的是为了奠定和形成良好的人文气氛和环境氛围。校园的文化建设，人文文化沃土的培养，人文精神的内化、人文素质的提升，需要高校开展系列的、持续的活动来保证其实现。

（3）引导学生价值取向，达成人文素质教育的共识。人文教育不仅关系到个人的价值观、人生观和独立精神的培养与发展，而且也事关全社会的价值取向和发展。对于塑造一个民族独立自主、自强不息的精神，持久旺盛的生命力，源源不断的创新精神，团结一致共同奋进的民族凝聚力都具有极大的现实和深远的意义。

大学生人文教育的开展、大学生人文素质的养成、人文精神的培育，这些工作只有引起社会全方位的重视，并积极行动起来，形成合力才能完成这一社会性的系统工程。

第二节　现代人文主义技术哲学

对现代人文主义技术哲学的反思作为反思之反思，其主观意图是深度挖掘包含于人文主义技术哲学中的理论意蕴。我们的目的不是排斥那种具有悲观性人文主义者的技术哲学，我们需要以正确的态度和方式来面对技术。构建一个合乎我们时代的技术观，合理地处理好自然与人与社会之间的关系，从而避免由技术而引发的社会危机。

当代技术发展日新月异，技术对社会、自然的变革作用也越来越明显。技术高速发展，随之而来的负面影响也被扩大，面对技术引发的危机，人们开始慢慢研究技术并且反思技术，反思技术所导致的一些消极的影响。此种反思包含有两个进路：工程技术哲学的进路和人文技术哲学。后者是人文学者创立的人文主义技术观，此种技术观关注技术意义的研究与阐发，反思技术发展给人类社会带来的消极后果。

一、现代人文主义技术之思的问题

由社会、自然、人组成的技术系统是复杂的系统，技术系统包含软技术和硬技术。所谓软技术即是创造的技巧，涉及如何设计、控制程序的方法，而涉及劳动工具的物质手段即是所谓的硬技术。现代人文主义的技术哲学批判了工具论的技术观或者是工程的技术观，

认为无论是工具论的技术还是工程的技术观都没有揭示其技术的本质，并且此工具论的技术观或者工程的技术观对技术自身所引发的危机毫无裨益，诸如此类的技术观只会带来新的危机而不会解决什么实质性的问题。"技术本质实体化即是把技术理解为异己的力量。"因此，认为技术的发展有自律的力量在支配着万物，并不受人类的干涉。其自律的力量可以不受人类自身的控制，并且以作为一切存在者物化的原动力的形式存在着。当代美国技术哲学家约瑟夫·皮特认为，不应该将技术作为一种自主性的力量。"人是操作技术的主体，决定了技术的形式以及技术以怎样的方式作用于人，所以技术对人并不构成恐惧，人比技术更为恐怖。在任何的技术改造中或者利用中，人扮演着重要的角色，他可以使技术服务于人类，也可以使技术危害人类的生存，关键在于人如何利用技术。"由此可见，皮特批判人文主义技术哲学的主要方面在于技术自主性的理解，也批判了那些将技术本质实体化了的做法。

费恩伯格说到人文主义的技术哲学时，将马尔库塞、海德格尔等人的技术哲学称为有技术实体主义的倾向。他认为所谓的技术实体主义即认为技术的本质是异于我们自身的，不受其我们自身力量的支配，费恩伯格认为海德格尔的技术观隐性地表达了一种宿命论，而他却一直主张在日益技术化的世界中看护意义而不使其意义流失，表征出了人文气息的实体性质，还是没有走出西方形而上学的思维模式，海德格尔批判技术理性，并未真意义上揭示了技术，而是形成了技术本质中心主义的理解。

现代人文主义技术哲学认为传统技术不同于现代机器技术，二者是非延续的，二者之间存在着一条不可逾越的鸿沟。所谓的现代机器技术与上面谈及的技术实体化的思维路向相关，既然是实体化自然会涉及对象性的思维模式。而传统技术在他们看来是天人合一的自然之表达，并不认为技术是外在与我们自身的，此种天人合一的技术也不会危及到自然。

因此在现代人文主义技术哲学家的眼里，传统技术观是异于现代技术观的，技术是一个时代的标志，它标志着时代的转型。在传统技术观中的技术是与技艺同一的，或者可以将技术与技艺等同起来，在希腊人那里，技术涉及技巧与心灵的艺术。"古希腊时期的技术与制造意义上的技术是相区分的，而海德格尔却不这么认为，他认为现代技术的本质是'座架'，它把人类自身都降格为物质。"现代技术异化了技术与人与自然的原初形式。事实上，现代人文主义技术哲学家的理解都是不全面的，都含有一种片面性，我们可以采用技术史的角度去分析。18、19 世纪被认为是以蒸汽机为代表的革命性的时期，各种现代的机器设备应运而生，但实际上它们的原理模仿了传统技术的原理模型，或者继承了传统技术的模型。我们可以举蒸汽机的例子来说明。

在十八世纪到十九世纪，蒸汽机在社会的发展文明的进步中扮演了重要的角色，蒸汽机的发明作为第一次工业革命的标志，被认为是十八世纪伟大的发明之一。但很少人知道在蒸汽机发明之前，当时人们使用的是纽可门蒸汽机这一情况。因为蒸汽机的很多原理还是模仿了纽可门蒸汽机的原理。此外还有机械技术及机器被认为是工业革命之后才被发明的，如带刺铁丝，电动机等都在不同形式上延续了传统技术的形式。

因此费恩伯格认为，在历史分期上人文主义技术哲学存在着一定的问题，认为不能区分传统技术与现代技术。从表面上看来，区分现代技术与传统技术是历史的，其实质上是没有辩证地看待技术的发展。

二、现代人文主义技术之思的特征

把这些人文主义者的技术哲学所表达的思想观点整合起来，你会发现他们的思想观点都存在一个基本假设前提，下面就让我们来仔细地研究和分析这个假设前提。

当然我们仔细研究和分析的这个假设是具有一定的代表性的，这个假设也就是：历史已经发生了翻天覆地的变化，并且在本质上已经断裂。现代技术使人类从传统社会过渡转型到现代社会，其价值观与生活理念方式也发生了转变。现代社会对自己所造成的问题却显得无能为力。因而必须与现代技术理性和现代性相断裂，试图创建一种超越于现代性的理论。通过研究分析人文主义技术哲学的基本相关的理论，我们发现主要有以下几个显著的特征。

（一）对现实具有强烈的针对性

人文主义哲学已经从思辨性（以海德格尔为代表）转化为实践性（以芒福德为代表）。由技术所引发的诸如生态失衡、大气污染等问题，都是人文主义技术哲学所关注的或者说要重点解决的。当今现代文明面对着令人棘手的社会问题，他们试图走出其理论的沉思，不再在埋怨中蹉跎岁月，而是对现代性展开全面而有力的批驳，达到京醒人们的目的。尽管在一些具体思想观点上还存有一定的局限性，但我们必须承认的是他们对技术理性的批判是强有力的，而且他们对现代性局限的认知明显要深远得多。

（二）建构新的理论框架

如何建构自然、人、社会与技术之间的关系。人文主义技术哲学关注于整体的有机论，反对将它们割裂开来，同时也抵制那种认为人就是开发、利用和统治自然诸如此类的观点。"人文主义技术哲学强调的是自然、人、社会与技术内在的自然和谐而非是相互冲突的一面，强调的是一种相互交往的关系，主张在交往理性中来消除技术理性所带来的一些消极的影响。"

人文技术哲学家在批判技术理性的同时，也表达了自己的意见。例如，海德格尔主张用艺术来拯救科学技术，企图用艺术来弱化技术的神化功能，提倡"审真之思"；马尔库塞主张历史的合理性，并试图用历史合理性的思想去补漏工具合理性的缺失。可以看出他们对技术都充满了忧虑的情怀，在他们看来，技术不一定就可以造福人类，但需要明白的是他们并不是完全地否定技术，而是主张合理地利用技术，那种主张完全抛弃技术的人毕竟是个别的。大多数的技术哲学家在表达忧虑的同时也提出了一些如何改进之的理论。

（三）表达了"天人合一"的理念

我们不能不提的是人文主义者对技术的思考与东方哲学有着某种相契合的地方。例如海德格尔的后期思想与中国老子的哲学"天人合一"有相类似的地方，都在表达着天、地、人要相互和谐、整体合一。这种整体合一、生成的思想试图克服二元论思维模式。以前西方的思想都带有主体性的影子，所以在主体性影响下的人与自然的关系，自然是人占据主导性的位置进而控制和利用自然。这种主体性的原则让他们领略到对自然大肆剥夺所带来的负面的影响，使西方人文主义者开始认识到人与自然和谐相处的重要性。"虽然很多人文主义者所表达的技术思想是不同的，但他们在强调人与自然和谐相处这一点上是一致的，主张一种新的自然观和技术观，这种新的自然观、技术观也预示着一种新的生态文明理念发展的趋势，生态文明主张人与自然相处有道，和谐而不相互冲突。"我们不难得出这样的结论：现代人文主义的技术哲学有其合理的地方，其自身也有缺陷。在此，我们只是略微地做了一下简单的概述。

三、探寻发展现代技术的人文途径

由技术自身引发的一系列的人文问题还得由"技术"（新的科技技术力量形式）来解决，因此要解决问题，必须发展新的科学技术，壮大新的科技力量，是走出其危机困境的重要途径。在发展新的技术力量形式的同时，也要注意到如何处理技术与人关系的问题。不能一味地只是发展高科技而忽略人文环境的影响，在一定程度上人文状况的好坏直接影响着科技发展的状况。在很多时候，我们只把注意力放在科技发展上面，对人文方面的关注其实是很少的，在这样的思想意识下，我们很难发展好技术以及很好地解决技术所引发的一系列的人文问题。显然，技术决定论——技术实体主义与人文精神之间存在着相互抵触的地方。技术"实体化"认为技术是一种外在于我们自身的独立自主的力量，技术自身的发展并不受外部因素的影响，相反，技术作为自变量的因素对社会有一种单向度的作用，我们只是注意到技术对社会的作用，而很少考虑到社会对技术也有一定的反作用。"而且技术实体主义者把技术当作一个独立自主的东西，这样势必弱化了人的主观能动性，弱化了人自主塑造的功能意识，由此，人变得消极被动而成为技术的接受体，这样不利于通过人与技术相互作用而促进技术的发展。"

"技术是人文的技术，技术的设置与创制离不开人主观自为的目的，受制于人自身的目的，有什么样的主观目的就有什么样的技术模式诞生。"各个国家所制造的产品都有其自身文化的印记，都被打上自己国家文化的烙印。以日本为例，构成日本技术之基础不是别的而是日本本土的文化，其本土文化在无形中影响着本土所制造的产品，换句话说，其自身文化有什么样的特色特征都会反映在所制造的产品中，你可以从产品中来发掘产品自身所包含的文化因子。我们知道日本文化实质上可以算得上是学习型的文化，由此日本所生产的技术产品形成了所谓的"生产现场主义"。再以中国为例，中国的人文特点也对其自身的技术发展有着极大的影响，中国人讲究的是含蓄、慎独，重视自身价值的实现，其产品多带有含蓄，精雕细琢的风格，特别是杭州的刺绣更是彰显了其文化的独特性。为什么美国成为许多技术创新的策源地，其原因与美国人讲究实用，重视个人的价值相关。

要拥有更好的人文效益，需要有良好的人文环境与现代技术。良好的人文环境与理想的现代技术环境直接促进了现代技术人文效益的发展。我们反对那种只知道一味地发展高科技而忽略人文环境的发展的做法，我们应该在发展高科技之余，优化人文环境，抵制那种用技术决定论的思维来发展我们现代技术的思想言论。

原中国科学院院长卢嘉锡在一次谈话中曾说："毛估和精确，都是必不可少的认知阶段。在认识的头几个阶段，就要求拿出精确的答案来，是不可能的。总是先有毛估，再一步步逼近精确；总是先有模糊，再一步步走向清晰。毛估是认识的开端，也往往是认识突破的开端。"因此，现代人文教育需要将精准教育与模糊教学相结合，注重挖掘模糊教学的合理内核。

四、问题与弊病：现代人文教育片面追求精准的深思

应该说任何事物都有一体两面性，现代人文教育对精准科学的追求也同样遵循此规律。随着现代科学技术的发展，它一方面推动了社会的巨大进步，另一方面也忽视、压抑了人的天性和情感。崇尚科学作为一种思潮，使人们习惯于用精确的方法思考和推理，极力追求精确的明晰的方法，以获得事物的科学的逻辑美，尽管这些精确化的科学手段虽然解决了一些传统教学中的难题，但由此带来的诸多弊端也日益凸显。

（一）精准教学导致学生的思维线性

精准教学一般都依赖现代教学设备与仪器，围绕既定的教学模式与过程展开，具有严密的逻辑性，在此模式的运行过程中，教学内容指向和思维方式都是既定的，同时，对教授信息的分析与综合只是形式上的演绎，此种教学方式容易导致学生的思维定式，极大地束缚了学生的思维空间，影响了学生非逻辑性思维的发展，而对于人文社会科学的学习而言，直觉、灵感以及发散思维等非线性思维对于感受和理解教学内容却是至关重要的。

（二）精准教学导致教学评估标准的僵滞

应该说，运用现代数学统计方法对教学信息和效率进行量化评估，以科学的数据分析为起点，对于整体改进教学方式与方法而言，具有数理上的基础意义。而对于人文社会科学教学而言，则需要辩证地看待其科学性，原因在于人文社会科学是一个极其复杂的系统，它不仅包罗万象，而且也是人类对所生存的自然环境与社会环境的综合认识过程，它的信息载体更多来自于人的内心世界，具有相当强的主观性，它甚至有时与理智和逻辑是道途殊异的。所以，理解与评估人文社会科学的教学，当然不是几条僵死的标准和几步抽象的推理能完成的。

（三）精准教学导致教学目标的单维

应该说每门课程的教学都有明确的教学任务目标，这是考核教学效果的主要指标，为了更好地实现这样的目标，教师往往习惯于采用精准的"一站式"的演绎，让学生围绕老师的思维，在一种平静的、稳定的、封闭的环境中被动地接受知识，学生长期处于这样的精准环境中，可能对知识教学目标的接受确实更加容易一些，但它却忽略了学生主动学习的重要作用，其实，掌握书本知识只是教育的一个目标而已，除此之外，还有大量的其他教学目标需要完成。对于学生而言，信息接收是从已知信息的无序到有序、不确定到确定、不平衡到平衡的归纳整理过程，而精准教学的单维目标则遗弃了这个过程。

五、历史与传承：模糊性思维的哲学溯源

中华五千年的悠久历史孕育了灿烂的中国文化，其中，关于"模糊性"的思考在中国传统哲学思想中早有雏形，最有代表性的便是老子的"有无相生"的哲学命题。在中国古代美学中，往往把直感体验浓缩为理性的结晶，并升华为玄之又玄的道。道分有无，归于玄妙。"玄之又玄，众妙之门"，这种有与无的合分、分合的变动不居，生生不息、周而复始的循环过程，即是有无相生。换言之，从无到有，从有到无，有无结合，相互转化，周行不止，无始无终，这便是道的运动过程。这是老子哲学思想的核心，也是老子美学思想的哲学基础。由此观之，老子哲学思想带有模糊性的特点。横向上你中有我，我中有你，亦此亦彼，相互渗透；纵向上无中生有，有中生无，它表述了有无之间变动不安的不确定性。这也是老子对于道的最高理论概括，其蕴含了朴素的"模糊性"。

由老子哲学思想及美学理论生发出：思与境偕、神与物游、质文代变、叁伍因革、阴阳惨舒、刚柔相济、虚实相生、情景交融、形神兼备、曲直互补、疏密相间、巧拙有素等。这些对举的概念，都在研究对立事物（甲乙双方）之间相互过渡的模糊现象。当这些对象之间的中介环节，在一起一落的变动中，相互撞击，发生振荡，也就是耗散结构论中所说的不平衡、不稳定、非线性状态。在碰撞过程中，某些旧的环节消失了，某些新的环节出现了，某些环节变脆了，某些环节增强了。这些中介环节，显示出重新组合，相互渗透、左右摇摆、上下浮动的不确定状态，从而出现模糊。

国外关于"模糊性"的论述早在札德之前就有很多相关的表述。恩格斯在《自然辩证法》中说："一切差异都在中间阶段融合，一切对立都经过中间环节而互相过渡，对自然观的这种发展阶段来说，旧的形而上学的思维方法就不再够了。辩证法不知道什么绝对分明和固定不变的界限，不知道什么无条件的普遍有效的'非此即彼'，它使固定的形而上学的差异互相过渡，除了'非此即彼'，又在适当的地方承认'亦此亦彼'，并且使对立互为中介。"这就是说，客观世界没有清晰精确的固定不变的东西，至少同时是庞大的模糊域，"亦此亦彼"揭示的正是事物的不清晰、模糊状态，同时告诉我们"非此即彼"是形而上的，"亦此亦彼"才是辩证法的。

黑格尔对模糊论的贡献主要表现在他的中介论哲学思想中。他说："每一方都是对方的中项（中介），每一方都通过对方作为中项的这种中介作用同它自己相结合、相联系；并且每一方对它自己和对他的对手都是直接地、自为地存在着的东西。同时由于这种中介过程，它才这样自为地存在着。它们承认它们自己，因为它们彼此相互地承认它们自己。"这里，黑格尔指出，不同的对方，通过中介而结合，你中有我，我中有你，相互联系，相互渗透，亦此亦彼；在这种结合中具有流动性、可变性，环节与环节之间相互浸润、渗透、融合。

康德从价值层面论述了"模糊"："知性在模糊不清的情况下起作用最大……模糊观念要比明晰观念更富有表现力……在模糊中能够产生知性和理性各种活动……我们并不总是能够用语言表达我们所想的东西。"

通过以上分析，我们发现模糊与精准相对应，二者存在严密的辩证关系，即模糊性是普遍的、绝对的，精确性是相对的；模糊性寓于精确性之中，精确性是模糊性的特例和表现；模糊性与精确性是矛盾的对立与统一的双方，相互依存、相互联系，在一定条件下相互转化。

六、功效与能量：现代人文教育的模糊性诉求

需要指出的是，模糊教学艺术中的"模糊"不是指那种不合思维规律的悖理模糊，而是指符合思维规律的辩证模糊，它既不同于是非不分的糊涂，又不同于模棱两可的含混，也不同于故弄玄虚的神秘，更不同于老于世故的圆滑，它是原则性和灵活性的高度统一，充满着科学与艺术融合的灵气。它以正确性为前提，要求教师在潜心体味、深刻理解教学内容的前提下，在启发诱导学生上下功夫。确切地说，它是一种难度较高的教学手法。如果认为模糊教学艺术只要意会，用不着深入钻研教学内容、了解学生、不改进教法、不指导学法、马马虎虎应付，那就是对模糊教学艺术的曲解。实践证明，模糊教学在一定的教学情境和教育背景下，能收到比用清晰的表达、明确的语言、严谨的推理等科学教学手段更优化的教学效果，因此，应当重视模糊性在当前人文教育中的重要作用。

（一）利用模糊教学发展学生的非线性思维

非线性思维具有波动性，它除了受主导思维引导外，还需要结合自身的情感、性格、兴趣、爱好、经验、想象等，共同处理新鲜事物的画像，使其具有适合于自己的立体图案。在教学过程中，它常常表现为思维过程的不确定性的"产生—消除—再产生"，表现为不确定性思维过程。而我们的模糊性教学恰好能给这些不确定性提供缓存，以便信息的准确接收。

（二）利用模糊教学完善教学绩效考核指标

教学绩效考核包括定性与定量两方面的内容，如果在人文教育考核中偏轻偏重了精确

性或模糊性任何一面，都势必影响整体教学的效果。其实，在对整体教学进行考核时，应当遵循科学、全面的原则，综合考虑各方面内容，从整体上把握教学效果。以前，在设置教学考核指标时，可能更多的是从定量角度考虑问题的，而忽略了定性这一维度，如果由于模糊性教学指标的缺失，导致教学考核信息的不全面，必将导致教学信息量化研究所服从方法规律的错误运用，这样，也就直接导致教学效率评价或教学信息量化研究的效度信度的降低甚至错误，使其失去评估、指导、调控的科学依据和作用。

（三）利用模糊教学实现人文教育的多维目标

人文社会科学教学，有不少是属于感受性质的，语言感觉能力至关重要，如情感陶冶与审美教育，甚至对语言的理解，很大程度上都是依赖于感受的，所以，加强对学生的语言感受能力培养，也是模糊教育的一个应然目标。在现行的人文教育与考核中，已经习惯于追求 A、B、C、D 选项的"标准化"。"标准化"虽然需要基本基础知识的掌握，需要追求知识的精确性和严密性，但在很多情况下，它还需要科学、合理的审美观，而模糊性人文教育正是由于它重视直觉思维与体悟能力等形象审美能力的培养，使得学生在获得精准基础知识的同时，又得到了各种审美能力的培养。

第三节　道德的发展和教育

本节旨在比较孟子的道德成熟论与科尔伯格的道德发展论之间的异同，从而探究在道德成熟论中有哪些部分仍然与当今世界的道德教育有着密切的关联。在本文中，我们试图站在科尔伯格的视角向孟子的道德成熟论提出挑战，并尝试着以某种创新性解释来帮助孟子作出合理的回应。通过这场虚构的对话我们发现，尽管孟子和科尔伯格在理论倾向、对道德进步的界定以及在道德观上有着明显的差异，但二者之间依然能够进行富有创造性的对话，从而使我们可以汲取儒家的思想资源以重新审视当代中国以及东亚其他国家和地区的道德教育。

孟子是中国古代著名的思想家和教育学家，其有关道德成长的理论可以被概括为"道德成熟论"（moral maturity）。孟子认为，人生来便具备善的潜质，即"善端"，它们就像种子的嫩芽，需要不断培养才能成为现实的道德品质。长期以来，孟子的这一理论对于中国以及受儒家传统所影响的许多东亚国家和地区的道德文化和教育产生了持久的影响。然而，自 20 世纪初开始，这种理论便因其内容的理想性以及方法论的不实用性而遭到了来自各方的批判和怀疑。直到近些年，这种负面性的态度和评价趋势才有所回转，原因在于，有越来越多的人开始意识到，在当代社会，尤其是在这个物质主义和消费主义的时代，我们不仅需要重新评估孟子，而且需要重新发掘道德成熟论在现代生活中所承载的价值。

对于孟子道德论的重估可以从多条路径展开。在本文中，我们将尝试站在当代儿童发展心理学家劳伦斯·科尔伯格（Lawrence Kohlberg）的实验心理学视角，以科尔伯格的道德发展论来透视孟子的道德观，从而对道德成熟论加以新的诠释和重估。我们希望，通过我们的研究，能够使孟子的道德教育理论在现时代获得新的发展和推进。

一、孟子的道德成熟论

"道德成熟论"是我们对孟子有关人的道德起源、发展以及完善等一系列道德理论的一种概括。在孟子那里，道德成熟论之所以可能是因为每个人生来便具备一切道德德性的始端，即"四心"，这是人之为人的本质。作为"善端"的"四心"只有经过不断培养才会成长并实现为四种道德德性，即仁义礼智，否则人性便会落空。在此意义上，孟子认为，"人之所以异于禽兽者几希"（《孟子·离娄下》）。虽然孟子并没有对其道德理论作出明确的界分，但通过诠释，我们可以将其道德成熟论大体分为三个层次，即自然道德、自律道德和自由道德。

道德成熟论的第一个层次是自然道德。孟子说，人生而皆备"四端"，这些天赋善良资质便是人之"才"。才者，"草木之初也"（《说文解字》）。也就是说，"善端"如草木之初一般具有一种自然的生长力，德性的实现乃是人性的一种自然需求。自然道德在儿童身上的最初表现便是仁义等"良知""良能"："孩提之童无不知爱其亲者，及其长也，无不知敬其兄也。亲亲，仁也；敬长，义也"（《孟子·尽心上》）。知道了仁义，自然也就懂得了什么是礼和智，因为，礼乃是对于二者的调节，而智则是对于二者的坚持（《孟子·离娄上》）。由此可见，"仁义礼智，非由外铄我也，我固有之也"（《孟子·告子上》）。为论证这一点，孟子举了"孺子将入井"的例子。孟子说，"乍见孺子将入于井"之人皆有"怵惕恻隐之心"，因为是"乍见"，所以没有任何功利考量，完全是自然本然之情，这种"恻隐之心"便是"仁之端"，如果连这种恻隐之心都没有，那就是"非人"（《孟子·公孙丑上》）。但孟子也指出，所谓"性善"是指性"可以为善"，而非必然为善，因为人除了"四心"之外，还有耳目之官，"耳目之官不思，而蔽于物。物交物，则引之而已矣"（《孟子·告子上》）。因为人有五官七情六欲，所以常常会被外物所蒙蔽，以至于"陷溺其心"。但这不是"善端"之错，"若夫为不善，非才之罪也"（《孟子·告子上》）。恶来源于对善的遮蔽，而非善自身的空场。对此，孟子举出了"牛山"的例子，以说明外在环境对人性的巨大影响。总之，在孟子看来，仁义礼智在最初阶段完全是自然地呈现在儿童的日常道德生活之中的，它们为道德德性的完满实现奠定了良好的开端。但是，自然道德并不是必然道德，潜能虽然渴望着实现，但不必然成为现实，因为这需要一定的条件，也即人的努力。因此，自然道德还需要走向更高的层次，即自律道德。

自律道德是德成熟论的第二个层次，也即"大人"或"成人"道德。众所周知，孟子对"体"进行了小大之分，"小体"就是耳目之官，"大体"就是"心之官"，也即人之为人的本性。在孟子看来，"养其小者为小人，养其大者为大人"（《孟子·告子上》）。

"养大体"就是对"四心"加以现实化、实现仁义礼智的过程。因此，所谓"大人"，也即拥有四德的君子，而"大人"道德也即这四种德性的完整实现。由于无"四心"则"非人"，"养小体"则为"小人"，因此，"四德"的实现与否直接关涉到能否"成人"的重大问题，在此意义上，"大人"道德也即"成人"道德。与自然道德不同，"大人"道德是一种自律的道德："人皆有所不忍，达之于其所忍，仁也；人皆有所不为，达之于其所为，义也"（《孟子·尽心下》）。从"仁之端"到"仁"，道德自律起到了关键性作用。没有道德自律，"达"的功夫便无从展开；只有通过道德自律，人们才会主动从事"老吾老，以及人之老；幼吾幼，以及人之幼"（《孟子·梁惠王上》）的道德实践，从而实现道德成熟。也就是说，"四端"虽我本有，但要想真正实现这些道德并终身行之，单靠自然直觉是不够的，它还需要后天的努力，也即"扩而充之"的功夫："凡有四端于我者，知皆扩而充之矣，若火之始然，泉之始达"（《孟子·公孙丑上》）。由于受感官欲望的影响，人们在道德实践中还会经常遇到"放失其心"的情况，如此，人们就需要不断同外界的诱惑做斗争，以恢复人的本心。因此，"学问之道无他，求其放心而已矣"（《孟子·告子上》）。总之，道德的实现并非朝夕之功，而是个体长期扩充其善心的结果，由于这一过程离不开个体意志的道德自律，因此，这一层次的道德也就被称为自律道德。

道德成熟论的最高层次是自由道德或天人道德，它是对于自律道德的进一步升华。我们说，孟子的道德理论实际上就是对于"心"的不断培养和扩充，而一旦将这种扩充发挥到极致（"尽"）我们就会发现，我们又回到了孟子道德论的原点，即人性善。在孟子看来，因为人有"四心"，所以人性是善的；而要想认识到这一点，人们就必须尽力发挥和实现这"四心"。"尽其心者，知其性也。知其性，则知天矣。"（《孟子·尽心上》）这里，我们与其将孟子的论证方式视为逻辑混乱，不如将其理解为一种实践智慧。因为，在孟子看来，人和动物的差别"几希"，如果不尽力将其实现出来，那么人就不会明白人之为人的高贵性。只有尽力实现人的"善端"，人才能更深刻地明白"上天"为何要将人安置于这天地之间，与天地并立而生。通过"尽心"，人不仅认识到人性本善，而且认识到了这种人性的形上之源——天。既然人性之善是天意使然，我们就更应该尽力将其实现出来。"存其心，养其性，所以事天也。"（《孟子·尽心上》）正是在这种意义上，天道与人道相合而一，人性完美地展现了其原初之所是，天道也充分体现在了人的伦常日用之中，人的道德也由此进阶到了天人合一的境界。这种天人道德，正是孔子所说的那种"从心所欲不逾矩"（《论语·为政》）的自由道德。

总之，从自然道德到自律道德再到自由道德，孟子的道德成熟论完成对于自身的诠释和建构。道德上的成熟不仅成为人类自我实现、自我证成的唯一康庄大道，而且为人类踏上"天人合一"的"内向超越"之路指明了前进的方向。

二、科尔伯格的道德发展论

与孟子不同，科尔伯格从未假定儿童有任何天赋善心。作为心理学家，科尔伯格通过实验发现，人天生就是以自我为中心的存在，并且会努力寻求对于自身需要的满足。但是，在有关儿童的道德发展方面，科尔伯格并不是一个纯粹的、冷冰冰的心理学家。在他看来，儿童天生便拥有一种与心智（mind）相关的学习能力，这种心智会通过经验而变得成熟。科尔伯格曾明确指出，"我的道德研究是从皮亚杰（Piaget）的阶段概念以及他认为儿童是一个哲学家的观点出发的"。换句话说，他的研究是建立在实验科学和哲学假设的双重基础之上的。科尔伯格把儿童的道德发展视为儿童整个认知发展过程的一部分，儿童的道德成熟实际上就是其道德认知不断向更高阶段发展的过程。在科尔伯格看来，"道德认知是对是非、善恶行为准则及其执行意义的认识，并集中表现在道德判断上"。因此，道德认知的发展主要就是道德判断的发展。

以公正原则为核心结构的道德判断实际上就是对是非、善恶等问题的判断。在科尔伯格看来，一个人的道德水平越高，就越能更好地解决道德认知冲突，也即更好地解决在是非、善恶等方面的认知困境。在此意义上我们可以说，道德的发展始于个体自我的道德判断与他人的道德判断之间出现的道德认知冲突，而对于这种冲突的解决，又推动着个体道德思维的重组，从而促使个体形成新的道德认知结构，也即道德发展的更高阶段。因此，科尔伯格认为，儿童道德发展的不同水平和阶段主要取决于道德判断的结构，也即儿童以何种公正原则来思考和解决道德问题。在此基础上，通过大量实证研究，科尔伯格把个体的道德发展经历分为三个水平，每个水平又包括两个阶段。这就是著名的"三水平六阶段"模型。

所谓"三水平"是指"前因循水平""因循水平"和"后因循与原则水平"。"六个阶段"分别是：（1）惩罚与服从阶段；（2）个体的工具性目的和交换阶段；（3）相互性的人际期望、人际关系和人际协调阶段；（4）社会制度和良心维持阶段；（5）权利优先以及社会契约或功利阶段；（6）普遍伦理原则阶段。在前因循水平，个体是从其自身的现实利益出发来处理道德问题的，处在此水平上的儿童所关心的并不是社会规定为正确的行为，而是能够带来实际后果的行为（趋利避害），包括（1）（2）两个阶段。在因循水平，个体学会从社会成员的视角来处理道德问题，他会考虑社会群体的期望以及社会道德规范对其自身行动的要求，从而努力扮演好自己的道德角色，这一水平包括（3）（4）两个阶段。到了后因循与原则水平，个体开始超出其所处的特定社会的观点来处理道德问题，个体的道德判断也上升至普遍公正原则的层次，（5）（6）两个阶段属于这一水平。

道德发展的阶段有四个基本特征。一是结构的差异性（a difference in structures）。这是说，不同的道德发展阶段具有不同的道德判断结构，不同结构之间的差异并非量的不同，而是质的区别。二是不变的顺序性（an invariant order or sequence）。儿童的道德发展遵循从低级到高级这一不变的、普遍的阶段顺序，文化或者教育能够加速或延缓个体的道德发展，但无法改变这一顺序。三是结构的整体性（a structured whole）。每个道德发展阶段在结构上都是一个统一的整体，而非一些零碎的道德观念的总和。四是层级的整合性。所谓层级的整合是指"较高阶段把较低阶段作为组成成分包含进来，并在较高水平上加以重新整合"。"在每个阶段，都是对同样的基本道德概念或方面的界定，但在每个更高阶段，这种界定都变得更为分化、更加整合、更加一般或普遍了。"

总之，在科尔伯格看来，儿童的道德发展是一个按阶段逐步建构的过程。个体的道德认知发展以个体的智力水平和社会认知水平为前提，并构成整个认知体系的重要组成部分。智力水平通常指个体的逻辑思维水平，而社会认知水平通常表现为个体的"角色承担"（role-taking）能力，也即个体在他们的社会交往过程中"想到他人的态度，意识到他人的思想和情感，设身处地从他人的角度看问题"的能力。道德"阶段并不是儿童对于文化和外部世界的直接反映，尽管阶段的形成依赖于经验。阶段是儿童和世界之间相互作用的经验产物，是这种经验导致儿童自身组织的重组（restructuring），而不是将文化模式直接强加于儿童"。个体道德发展的动力既不是个体心智的先天成熟，也非外部世界的直接反映，而是个体与其所处的生活环境相互作用的结果。在这种相互作用的过程中，"个体的道德经验不断结构化，不断同化吸收和调整平衡新的道德经验，从而使个体的道德结构产生新的质变，飞跃到新的发展水平"。个体的道德认知水平就是在这种不断的调整、平衡与飞跃中得到提升的。

三、质疑与辩护

孟子和科尔伯格之间在理论上确实存在着很大的差别，但这并不意味着二者之间无法展开有效的对话。尤其是当我们站在现代实验心理学视角向道德成熟论提出质疑时，孟子的回应与辩护便成为我们重新审视道德成熟论的一个重要途径。就本节主题而言，这种质疑可以通过三个基本问题而展开。

第一，人性是善的吗？就这一问题来说，孟子的回答是肯定的；但作为实验心理学家，科尔伯格并不相信这一点，相反，处在第一阶段的儿童往往会采取"一种以自我为中心的视角"，他们只有通过生活经验才能逐步建立起关于是非善恶的认知和判断。面对这种质疑，孟子或许会放弃其对于"性善论"的建构性论证而改为一种范导性辩护。"建构"和"范导"本是康德批判哲学中的术语，前者是知性的方法，用以对经验对象加以规定；后者是理性的方法，用来引导知性向着更高目标前进。在这里借用这两个概念是为了说明，孟子所采用的那种对人性直接予以"善"的规定的建构方法在实验心理学中是无法证实的。因此，在现代哲学的语境下，对人性善的辩护只能是范导性的。也就是说，"人性善"并不是知性的对象，而是反思的对象，"是对人类存在的形上设定"，是为了人类的道德进步而设定的一种伦理目标。我们说，在孟子那里，人和动物的差别微乎其微，因此，所谓人性并不是指人的动物性，而是使得人（类）区别于动物、使得人之为人的本性，而这正是人的道德性。道德是人类所特有的一种文化现象，是人类社会在漫长的历史发展过程中积淀而成的一种心理结构。道德并不是一个可以直接感知的"实存"，它不是知性的认识对象，而是实践理性的产物，是人类特有的文化标记。也正是在此意义上，康德才宣称人是道德的存在，是自然的最后目的。总之，"性善论"作为一种先验理想已经无法在现代道德哲学中作为建构原则而被证成，但却可以作为范导原则、作为推动人类道德进步的伦理理念而在当下社会中发挥重要作用。

　　第二，在道德发展论的视角下，道德成熟论的三个道德层次何以成立？我们说，在没有实验心理学的时代，孟子的道德论多半是基于经验观察，但这并不意味着这种理论就毫无意义。当代著名政治哲学家罗尔斯（John Rawls）根据皮亚杰、科尔伯格等许多当代心理学家的研究成果也提出了道德成长的三个阶段，在此，我们可以参照罗尔斯的道德阶段论来帮助孟子"回应"科尔伯格的"挑战"。我们说，自然道德阶段的儿童会对父母展现出一种本能的爱，在孟子看来，这是仁义的自然呈现，是良知良能。在罗尔斯那里，儿童道德发展的第一个阶段是"权威的道德"，在这一阶段，儿童会倾向于爱他们的父母并听从他们的命令，但这并不是道德本能，而是因为父母首先"表示出了对他的爱"。"如果他爱并信任他的父母，他就倾向于接受他们的命令。"据此我们有理由认为，孟子笔下的儿童之所以知孝悌仁义并不是因为"良知""良能"，而是因为父母先在的爱，这种爱"意味着不仅要关心他的要求和需要，而且要肯定他自己的人格价值感"。同样，在"前因循水平"，儿童"对文化的规则和标记中的善恶是非观念十分敏感，但却是根据行为的实际后果或权利来解释标记的"。对他们而言，所谓对的就是"服从规则和权威"（第一阶段），并"根据具体的交换原则进行公平交易"，以满足各自的需要（第二阶段）。通过罗尔斯的解释和补充我们发现，自然道德与"前因循水平"之间有着诸多的相似性，它们都属于权威的道德，并且都是建立在对个体基本利益和独立价值表示尊重的基础之上的。

　　道德成熟论的第二个层次是自律道德。所谓自律道德实际上也就是个体在自觉接受社会化之后所达到的道德水平，也即罗尔斯所说的"社团的道德"。处于这一阶段的个体已经拥有了"成人"道德，他能够承认并自觉遵守社会所普遍要求的道德规范（仁义礼智）。同样，在道德发展论中，处于"因循水平"中的个体的社会化程度会变得更高，他们能够遵从群体的期望、认可社会的制度和规范，并以此来衡量行动的价值。就此而言，一个道德上自律的人与一个处于"因循水平"的人之间并没有实质性的差异，孟子和科尔伯格只不过用了属于各自文化和时代的特殊语言表达了相似的内容。

　　到了自由道德阶段，我们既认识到了人性本善，也认识到了人性的形而上学之源——天。而一旦明白了这一点，也就肩负着将这种人性实现出来的形而上学使命（《孟子·尽心上》）。由此，天道与人道便合而为一了。在此意义上，自由道德乃是一种天人合一的道德。这种道德虽然在理论上是面向所有人开放的（"人皆可以为尧舜"），但真正能达到这种境界的人少之又少。与此相应，科尔伯格的道德发展模型也只能证实到第五阶段，没有人能够达到第六阶段。正如科尔伯格自己所言："我对于最高阶段，也即阶段六的适切性要求（the claims to adequacy）的讨论，是哲学上的，也是理论性的。"在他看来，"也许阶段六所具有的心理学实证意味较小，它更多的是为道德发展的方向做具体说明，其中，我们的理论声称，伦理道德的发展是不断前进的。"由此我们认为，无论是对于孟子还是科尔伯格，道德的最高阶段都只是一种理想，是对于人类道德发展的一种期望和引导。就此而言，道德成熟论的三个层次是能够成立的。

第三，道德成熟论的三个层次之间有着怎样的内在关联？我们说，相比于道德发展论的四个基本特征而言，孟子并没有对道德成熟的各个层次加以明确规定，无论处于何种阶段，人们似乎都只有一个共同任务，即培养德性或者为德性的实现提供支撑。因此，通常所认为的不同阶段实际上更像是同一过程的不同维度。而且，这种结构在理论上并不具有不可逆性，人既可以从"禽兽"上升为君子，也可能从君子堕落为"禽兽"。上升的路和下降的路乃是同一条路。但从另一个角度我们也可以说，道德成熟论的意旨或许并不是对道德认知进行阶段划分，而是对道德境界进行高下分判。因为，对孟子而言，道德成熟的关键不在于"知"，而在于"行"。孟子力倡"去利怀义""舍生取义"的原因不在于前者不重要，而是为了表明，正是在这种极端的道德困境中，选择才彰显出境界，人禽方由此而判分，故不得不慎重。同样，在知行关系的问题上，科尔伯格通过大量实证发现，道德认知与道德实践之间常常呈现出正相关性。但二者之间并非必然一致，知善也并不必然导致行善。在知行之间，道德判断起到了关键作用。"我们认为，道德判断所提供的两种心理功能乃是道德行动的必要条件。第一种是道义决策功能，即对什么是正当的判断；第二种是善始善终功能，即按照一个人判断为正当的来行动的责任判断。"总之，在孟子那里，道德成熟论的各个层次之间虽然可逆，但正是这种可逆性才成为评判道德境界高下的试金石。《孟子》一书之所以能对中国古代士人的高洁品行产生如此大的影响，部分原因正在于此。因此，从道德境界的意义上来说，道德成熟论仍具有层级之分，层级越高，境界就越高，道德也就越成熟。从自然道德到自律道德再到自由道德，道德境界便体现为后者对前者的整合与超越。只不过，在科尔伯格那里，道德结构的层级整合属于智性范畴，它以逻辑运算和认知推理为基础和依据；而在孟子这里，道德层级的整合属于境界范畴，它以道德德性的完善和超越为旨归。

孟子和科尔伯格之间的这场"对话"为我们重新审视儒家的道德理论提供了良好的契机。孟子的性善论虽然无法得到现代心理学的证实，但并非毫无意义。人性善的总体设定依然可以作为一种伦理理想而在人类的道德实践中发挥范导作用。道德成熟论虽然不同于道德发展论，但二者之间的对话却为我们揭示了道德成长的两个重要维度：情感和理性。在道德实践中，情感体验与理性整合之间也并非彼此排斥，而是相互交融，并在实际上构成道德发展的必要条件。与此同时，二者之间这种想象性对话也为我们反思当代的道德教育提供了一些重要借鉴。

首先，无论在何种社会，心智的成熟乃是个体道德进步的必要前提。自律是道德的前提，但自律不可能仅仅通过意识形态的教化便得以形成。相反，它是一个积极建构的过程，涉及孟子所说的对于共同道德准则的自觉和反思，或者如科尔伯格所表明的，涉及通过学习和经验来发展一个人的道德判断和认知。其次，道德教育必须注重建构良好的集体和社会环境。由于个体的道德认同是通过与他人的相互交往而得以确立，因此，环境对于个体道德的发展具有至关重要的作用。在孟子看来，恶的产生往往与不良环境对善的遮蔽有关；科尔伯格虽然并不认为外在环境能对儿童的道德发展产生决定性的影响，但他也相信，在公正的团体生活中，一个人能够更有效地培养起言行一致、知行合一的道德品质。最后，现时代的道德创新应当以一种更为开放的心态和视野来容纳古今中外的思想资源。我们说，道德创新是一个关涉民族命运的重大课题，而这种创新对于转型时期的中国而言，又有着格外重要的实践意义。孟子的道德成熟论虽然构成了道德中国的历史底色，但科尔伯格的道德发展论以实验心理学为基础，又指示着道德进步的时代特征。在此背景下，如何有效地吸收和借鉴古今中外的优秀道德资源以推动中国伦理的时代创新，便成为历史赋予我们的重要使命。

"道德教育"强调教育的道德内容，"道德的教育"强调教育的道德本性，二者既有联系又有区别。在现实生活中，由于人们受到动机论和效果论道德评价模式的影响，没有把道德教育看作一个完整的过程，忽视了道德教育的手段和方式，把"道德教育"简单地等同于"道德的教育"，结果使得"道德教育"往往变成了"不道德的教育"。为了杜绝这种现象的发生，"道德教育"必须自觉地走向"道德的教育"，克服道德教育中的不道德性。

在现代社会里，由于各种不道德现象频繁地冲击道德的底线，拷问人们的道德良知，因此人们都希望重树道德的权威，塑造道德的人格，促进社会风气的好转。正是在这种道德愿望的感召之下，道德教育越来越受重视。不过在笔者看来，当人们热衷于道德教育的时候，却没有认真地思考道德教育的道德性问题，也即"道德教育"是否就是"道德的教育"的问题，结果道德教育往往事与愿违，无法取得预期的效果。

四、"道德教育"与"道德的教育"的分疏

在现实生活中，人们似乎很少注意"道德教育"与"道德的教育"之间的区别，也不会对二者加以严格区分，而是理所当然地认为，"道德教育"就必然是"道德的教育"，即使是那些专门从事道德教育的工作者和研究者也不例外。虽然从本质要求上，"道德教育"确实应该是"道德的教育"，但是实际上，二者之间还是存在着巨大的差别，"道德教育"不等于"道德的教育"，更不必然是"道德的教育"。

道德教育具有广义和狭义之分。广义的道德教育，泛指一切能够对人们的道德观念和道德行为产生教育意义或影响的社会实践活动。像家庭、学校和社会所开展的各种道德教育活动、社会公益活动等，由于都会对人们的思想观念和行为产生道德上的影响，所以都可以被纳入到道德教育的范围中来。如赫尔巴特说过："我们可以将教育唯一的任务和全

部的任务概括为这样一个概念："道德，普遍地被认为是人类的最高目标，因此也是教育的最高目标。谁否认了这一点，谁肯定并不真正知道何为道德，至少他在这里没有发言权。"在这里，赫尔巴特实际上就强调了所有的学校教育活动都必须对受教育者发挥道德方面的影响，都必须为提高受教育者的道德水平服务，从而将所有的教育活动都看作一种广义的道德教育活动。不过在现实生活中，人们通常是在狭义上来使用道德教育概念。道德教育通常是被看作学校所开展的，以提升学生道德水平为目标的一种系统的教育活动。这种学校教育活动具有强烈的道德相关性，其所期待的目标、其所传授的内容都与道德直接相关。

按照学者们的解释，"道德教育是指依据一定的目的，在遵循教育规律的基础上，对人们进行的有组织、有目的地施加系统道德影响的道德活动"。由此可见，"道德教育"之所以成其为"道德教育"，主要在于两个方面。第一，"依据一定的目的"。这个"目的"是一种道德的目的，它包含了培养道德人格、塑造内在道德品质、形成外在道德风尚等诸多方面，而其核心则在于道德人格的养成，所以罗国杰说，"道德教育过程，应当与人们道德人格的形成和完善过程相一致"。第二，"施加系统道德影响的道德活动"。"影响"主要包括知、情、意、行等各个方面，这些影响的产生都需要依赖于系统的教育活动。因此，学校通过课堂讲授、课外实践等各种形式的道德教育活动，对受教育者施加系统的道德影响，提高他们的道德认识、陶冶他们的道德情操、锤炼他们的道德意志、帮助他们确立道德信念、促使他们付诸道德行动、最终帮助他们养成道德习惯。从这里我们可以看出，"施加道德影响的道德活动"是服务于道德人格培养这样一个特殊的"目的"的，也就是说，前者是服务于后者的手段，前者受后者支配，而后者依赖于前者来实现。简言之，道德教育就是一种以塑造道德人格为目标、以道德作为教育内容的教育活动。本文中的"道德教育"主要在狭义上使用。

"道德的教育"与"道德教育"从构词上看，就在于有"的"与无"的"的区别，因此，为了弄清"道德的教育"与"道德教育"的差别到底在哪里，有必要先弄清这个"的"的含义。按照《汉语大字典》的解释，"的"具有多重含义，而与这里比较接近的应该有以下两种解释：第一，"用在定语后，表示修饰关系。如：铁的纪律；新的生活"；第二，"表示领属关系。如我的母亲；无产阶级的政党"。在第一种含义中，"的"之前的字词用来形容"的"之后的字词所指代事物的属性或特点，在这个结构中，其重心在"的"之后的词上。如生活可以有不同的样式，既有新的生活，也有旧的生活；既有好的生活，也有坏的生活，但不管如何，它们都属于生活的范围，只不过他们在性质上有所差异而已。在第二种含义中，词语结构的重心在"的"之前的字词上，后者构成了前者所有关系结构中的一种关系，如我拥有各种各样的关系：爸爸、妈妈、爷爷、奶奶、外公、外婆、老师、学生等，但这些关系都是属于"我的"，都围绕我而展开。如果从领属关系的意义上来理解"道德的教育"，那么与它相应的就有数学的教育、物理的教育、化学的教育等，因此，"道德的教育"实际上就是"道德教育"。从语言简洁性的角度来看，这种用词方式就显得过于啰唆，因此，在现实生活中，人们在表示此含义的时候都会用"道德教育"而不用

"道德的教育"。既然"道德的教育"中的"的"不是在第二种意义上侵用的,那么它只能是在第一种意义上使用的。也就是说,在"道德的教育"一词中,"道德"是被用来修饰、形容"教育"的,"道德"表示"教育"的一种特点或属性,也就是这个"教育"是"道德的""教育",而不是"不道德的""教育",因此,与"道德的教育"相对的不再是数学的教育、物理的教育等,而是"不道德的教育"。

"道德教育"与"道德的教育"之间存在着严格的区别:前者强调的是教育的目的和内容;后者强调的是教育的特征和属性。目的、内容与特征属性之间当然会存在着一致性,但是这种一致性是就应然性而言的,目的和内容的高尚性、道德性决定了道德教育活动本身也应该是高尚的、道德的,然而,应然性并不能简单地等同于现实性,实现从应然到现实的跨越还有一段漫长的道路要走,在行走过程中就有可能会偏离目标,从而使得特征和属性发生变化。然而在现实中,人们似乎不愿意做此分析,而是简单化地认为,道德教育就必然是道德的教育,忽视了道德教育变成不道德的教育的可能性,对道德教育中不道德现象的发生疏于防范,从而不能有效地防止"道德教育"变成"不道德的教育"。

五、"道德教育"与"道德的教育"的混同

人们之所以把"道德教育"混同于"道德的教育",或者说,人们之所以认为"道德教育"就必然是"道德的教育",虽然二者之间字面上的相近性是其中的一个重要原因,但是更为重要的还是与人们心目中所崇奉的伦理道德观念有关。

在人类历史上,对于行为的道德评价方式主要有两种:一种是动机论,认为衡量一个行为的道德性质及其价值主要依据行为的动机;另一种是效果论,认为应当从效果而非动机出发来衡量行为的道德价值。在马克思主义看来,动机论与效果论都只抓住了行为的某一极,因而都是片面的,为了正确地衡量一个行为的道德价值,就必须坚持动机与效果的辩证统一,"唯心论者是强调动机否认效果的,机械唯物论是强调效果否认动机的,我们和这两者相反,我们是辩证唯物主义的动机和效果的统一论者"。这里的"辩证统一"不仅是指我们既要考察行为动机,又要考察行为的实际效果,而是指我们要把行为作为一个包含动机与效果的整体,我们要从动机到效果的完整过程出发对行为作出道德评价。虽然中国哲学比较推崇中庸,希望凡事不要走极端,能够在两个极端之间找到合适的中点,从而实现两极之间的有效融合,然而在现实中,中国人往往会偏离中庸之道,无所不用其极。譬如在中国历史上,以"四书五经"为代表的经典伦理主要是推崇动机论,而这在社会精英阶层当中被遵循;以《增广贤文》等通俗读物为代表的世俗伦理则推崇效果论,这为普通民众所广泛遵循。虽然当前中国已经实现了从传统到现代的转换,指导思想也由儒学变成了马克思主义,但是中国人的道德心理并未从深厚的历史传统中摆脱出来,中国人仍然习惯于用动机论或效果论来对行为进行道德评价。

正如前文所言,行为展开为一个完整的过程,动机与效果不过是一个完整行为过程的

两个端点而已，而这两个端点之间还包含着行为的手段、行为的方式等诸多方面的内容，而正是这些内容才将动机与效果有机地结合起来，使动机不至于成为纯粹的思想观念，而是展现为现实，产生出实际的社会效果。然而执着于动机论或效果论，都忽视了这样一个重要的中间环节。动机论并不讲究行为手段和行为方式，认为它们是服务于效果的，而实际效果对于动机论来说并不重要，因为坚持"只有出于责任的行为才具有道德价值""一个出于责任的行为，其道德价值不取决于它所要实现的意图，而取决于它所被规定的准则。从而，它不依赖于行为对象的实现"。效果论则重视目的的实现，为了实现目的就会不择手段，因此只要能够实现目的，什么手段都可以使用，"效果论过分强调了善的后果的重要性，因此隐含着这样的可能，即任何行为，不论怎样不道德，只要能带来最好的后果，就可证明其合理性"。正是因为中国人长期游走于动机论和效果论的两极，忽视了从行为的整体出发来对行为进行道德评价，从而导致中国人对行为手段和行为方式没有给予足够的重视，有时为了实现动机和达到目的会不择手段，因为在中国人看来，行为手段和行为方式本身是中性的，不具有道德性，其道德性依赖于动机或效果。

中国人这样一种伦理道德观念，不仅体现在日常行为的道德评价上，同样也在道德教育当中得到了反映，那就是把"道德教育"直接等同于"道德的教育"。对于所有教师来说，教书育人既是一项职业，也是一项事业，因此每个人都抱着善意的目的来从事教育工作，都希望自己的学生能够成才成人，因此，从动机上来说，"道德教育"就是"道德的教育"。成人这个目标由于其模糊性，在当今中国的教育中并不为人所重视，人们更多的是把成人等同于成才，认为一个学生成才就是成人了，而成才的标志就是学好课本知识，考上理想的大学，找到理想的工作。在这样一种成才观念的指引下，教师们拼命追求成才的效果，道德教育就变成了知识教育，教师们要想方设法、不择手段地去提高学生应付考试、获取高分的能力，只要学生成才了，"道德教育"自然就是"道德的教育"。实际上，在这两种道德观念指导下，道德教育实际上都存在着沦为不道德教育的危险。在这两种观念指导下，教师们只关注了道德教育的起点和终点，没有充分考虑教育手段和教育方式的道德性，从而在道德教育过程中，为了追求所谓的良好目的，采取了一些非道德甚至是反道德的教育手段和方式。譬如，在传统道德教育中，由于道德教育被混同于知识教育，因而教师们普遍采用的都是灌输式或独白式的道德教育方式。在传统独白式的道德教育中，教师们不仅采取了苛责、鞭打、罚站等不道德的体罚手段，而且独白式道德教育本身就是对于学生的一种压迫与奴役，它本身就是建立在师生严重不平等的基础之上的，因为在此过程中，教师与学生之间是绝对的主客体对立关系，"教师在学生面前是以必要的对立面出现的。教师认为学生的无知是绝对的。教师以此来证实自身存在的合理性。类似于黑格尔辩证法中被异化了的奴隶那样的学生，他们接受自己是无知的说法，以证明教师存在的合理性。——但与黑格尔辩证法中的那位奴隶不同，他们绝不会发现他们同时也在教育教师"。也正是缘此之故，保罗·弗莱雷把独白式教育模式称为"压迫者教育学"，可见这种教育模式与现代社会的道德要求背道而驰。

由于道德教育工作者对于这种危险缺乏清醒的认识，所以这种危险在现实中真实地上演。在现实教学过程中，有些教师全然不顾学生和社会的实际情况，只管以纯洁高远的道德理想来教育学生，从而使道德教育沦为虚伪的说教，让学生感到道德教育与现实背道而驰，道德教育不过是睁着眼睛说瞎话；有些教师却为了所谓的教育效果——高分与升学率，在教学过程中采用高压政策，甚至动用罚抄作业、罚站等变相体罚等不道德的方式和手段，逼迫学生死记硬背道德知识，从而让学生感受不到道德教育的道德性。因而，"道德教育"与"道德的教育"混同的结果，并不是"道德教育"变成了"道德的教育"，而是"道德的教育"被"道德教育"所取代，而"道德教育"又恰恰变成了"不道德的教育"。

六、"道德教育"走向"道德的教育"

"道德教育"是一种教育活动，而"道德的教育"是对教育活动的定性。如果从本性上说，所有的学校教育活动都应该具有道德的性质，而这对于道德教育尤其重要，最理想的"道德教育"就应该是一种"道德的教育"，"道德的教育"应该是"道德教育"的本性要求。因为道德教育不是一种知识的教育，在知识教育过程中，教师是以一种超然物外的姿态来讲授客观知识。也就是说，学生不会将教师所讲授的知识和教师本人联系起来，不会用教师所讲授的知识来对教师本人提出要求，因为在此过程中，教师与学生都是以理性的态度来共同面对科学上的"是"而非道德上的"应该"，他们都不会对对方提出道德上的要求。道德教育与知识教育不同，道德教育不仅教会学生是什么、为什么，更要教会学生应该做什么、应该怎么做，因此道德教育不仅是讲理的，而且它所讲之理最终要用来指导行动，要在行动中得到落实。这也就是说，教师在对学生进行道德教育的时候，实际上，教师不仅是在讲授客观的知识，而且也是在为学生颁布行为的法则，教师所传授的道德知识就是学生在现实生活中应该遵循的道德法则。

既然道德教育不仅是一种知识传授，同时也是对学生提出一种行为要求，那么教师的所作所为就必然会对学生产生至关重要的影响。如果教师仅仅对学生提出种种道德要求，而自己又在教学中公然违背这些道德要求，那么只会增强学生对于道德虚伪性的感受，认为道德是强者对于弱者的要求，而强者是不用遵守道德的，由于每个人都趋向成为强者，所以道德可以被弃之不顾。相反，如果教师在教学过程中以身作则，用自己的实际行动来践行自己所传授的道德内容，按照道德法则的要求来开展道德教育，真正把"道德教育"变成"道德的教育"，那么，这个教师就有亲和性，这个道德教育就有感召力，学生才真正会"亲其师"而"信其道"。像孔子作为教育家，之所以追随者甚众，而且培养出了大量志行高洁之士，就是因为他在开展仁义教育过程中以身作则，严格要求自己，做到了"学而不厌，诲人不倦"，赢得了学生的尊重和爱戴，从而为学生树立了一个学习效仿的榜样。既然"道德教育"的道德性对于提升道德教育的实效性、对于把学生培养为道德之人具有高度的重要性，那么，"道德教育"就应该走向"道德的教育"。为了加速"道德教育"

走向"道德的教育"，就必须对道德教育进行调整。

第一，纠正"道德教育"天然就是"道德的教育"的错误看法，主动寻找二者产生偏离的根源。"道德教育"从本性上说，确实应该是"道德的教育"，这也就是说，"道德的教育"不过是"道德教育"的应然状态。然而问题在于，应然状态是一种理想的状态，是一种追求的目标，但它并不是"道德教育"的实然状态。在现实中，"道德教育"既有合于应然要求而成为"道德的教育"的情况，但是也不排除存在"道德教育"偏离应然要求而成为"不道德的教育"的状况。像在日常道德教育过程中，就不仅大量存在教师不尊重学生的情况，就连责骂、罚站、罚抄等变相体罚学生的情况也是屡见不鲜，可见，在实然状态之中，"道德教育"与"道德的教育"还存在巨大的鸿沟，没有达到真正的统一。只有所有从事道德教育的工作者意识到了二者之间的差别，我们才能有意识地去寻找二者之间产生偏离的根源，才能杜绝这种偏离的滋生蔓延，促进二者走向统一。

第二，抛弃只重动机或效果的两极化道德评价模式，注重道德教育过程的完整评价。对于一个行为来说，动机与效果虽然对于行为的性质具有至关重要的影响作用，但是它绝不具有绝对的决定性。因为，动机与效果不过是行为的两极，它在一个漫长的行为过程中，只不过是其中极小的组成部分。所以，它们无法完全决定行为的道德性质，为了对一个行为进行道德评价，那么我们就必须考察行为的完整过程。在评价道德教育过程中，不仅要关注道德教育的动机和道德教育的效果，同样要关注道德教育的手段和方式，否则我们就无法保证"道德教育"真正是"道德的教育"。这也就意味着，我们对于道德教育要采取动态的道德评价机制，对于道德教育进行道德评估的时候，就不仅要审查教育者的动机和受教育者的实际后果，更要审查道德教育工作者在道德教育各个阶段所采取的教育手段和教育方式，从而防止道德教育各个阶段和各个环节偏离"道德的教育"的本性要求。作为道德教育工作者，则严格按照这种道德评价的要求，完善整个道德教育过程，以免出现不道德的教育手段和方式。

第三，在关注道德教育过程道德性的同时，促进道德教育环境的道德化。道德教育不是在真空中完成的，道德教育必然处于各种具体的社会环境之中，而道德教育的实效性也就会受到这些具体社会环境的影响。像荀子说，"蓬生麻中，不扶而直；白沙在涅，与之俱黑。兰槐之根，是为芷，其渐之滫，君子不近，庶人不服，其质非不美也，所渐者然也。故君子居必择乡，游必就士，所以防邪僻而近中正也"，就是强调环境对于道德教育的重要影响作用。实际上环境不仅影响道德教育的效果，而且也会影响道德教育活动本身。一个长期生活于具有高尚道德氛围中的教育工作者，那么他也会采取更加道德的方式和手段来开展道德教育，而那些生活于暴力和专制横行环境中的教育工作者也会受到影响，难免会采取一些暴力的手段和专制的教育方式。正是有见于这一点，杜威强调，道德的教育的出发点和归宿不是受教育者而是环境，构建一个道德的学校教育环境乃是道德教育的重点；内尔·诺丁斯则强调，完美的道德教育并非道德教育这门课程本身，而是学校内部所有的教育活动、所有的人和事都是道德的，因为只有在这样的环境中，人们才能感受到道德的温暖和力量，人们才会自觉自愿地去做一个道德的人，道德教育才能真正发挥润物无声的效果。

　　反观现实，我们的"道德教育"离"道德的教育"还有比较长的距离，还远远没有达到变成"道德的教育"的要求，为了缩短二者之间的距离，促使"道德教育"变成"道德的教育"，从而提高道德教育的感召力和实效性，我们还需要付出艰辛的努力。虽然沿途充满荆棘，但是只要我们坚持不懈，终点就必然能够到达。

第四章 礼仪与自身素质修养

第一节 礼仪与思想道德修养

本节首先分析礼仪修养的内涵与价值，然后结合当代大学生礼仪修养的现状，究其原因，最后在此基础上提出加强当代大学生礼仪修养的必要性及有效措施。

一、礼仪修养的内涵与价值

（一）礼仪修养的内涵

礼仪，顾名思义，简单来说就是礼节和仪式。它具有规范性、限定性、可操作性、传承性、变动性与差异性。修养是指一个人在理论、知识、艺术、思想等方面的一定水平，另外还指养成的正确的待人处事的态度。礼仪修养一词，便是礼仪与修养的结合，是指人们为了达到某种社交目的，按照一定的礼仪规范要求，结合自己的实际情况，在礼貌品质、意识等方面所进行的自我完善和自我改造。

（二）礼仪修养的价值

现代社会是知识经济时代，是信息社会，是信息时代，世界变成了"地球村"。国家与国家、民族与民族、团体与团体、个人与个人之间的接触和往来越来越频繁。不仅仅只是从前的政治军事往来，现在更多的是经济往来、文化交流等各式各样的、形形色色的交往。不仅生活中处处需要适当的礼仪，在我国走出去的过程中更是需要礼仪修养来达到满意的目的与效果。从这里来看，加强礼仪修养的价值显而易见。

礼仪主要指的就是人际交往中个体之间的行为规范，是人们在生产生活中慢慢形成的，主要以习俗、传统及情感和习惯等相关形式体现出来。良好的礼仪不仅能够体现民族的气质及个人的修养，还能够展示出国家的魅力。当代大学生是国家发展及构建社会主义和谐社会的中坚力量，所以提高当代大学生的礼仪修养，以此有效提高当代大学生的综合素质有着重要的意义。

二、加强中国当代大学生的礼仪修养的重要意义

（一）我国优秀传统文化传承的需要

我国自古以来就十分推崇礼仪，认为礼仪是安邦治国之本，可想而知我国对礼仪的重视程度。荀子说过人无礼则不生，事无礼则不成，而国无礼则不宁。由此可见，礼仪一直以来都是我国社会生活中不可分割的一部分，并且是古人经世治民、安身立命的准则。我国在世界上素有礼仪之邦的美誉，而这正是我国礼仪文明一直传承的结果。所以加强当代大学生的礼仪修养正是将我国优秀的礼仪文明继承下来，这是我国优秀的传统文化弘扬及传承的需要。

（二）构建社会主义精神文明和谐社会的需要

社会主义精神文明建设最为基本的一个内容就是礼仪修养，而这正是我国当前大学生思想政治教育的重点所在。中共中央对此极为重视，还颁布了相关政策支持精神文明建设，明确提出了明礼诚信这一要求。大学生是推动我国社会发展的重要力量，因此，加强当代大学生礼仪修养方面的教育，对构建和谐社会有着极为积极的作用，且意义重大。

（三）大学生综合素质提升的需要

由于长期受到当前教育体制及社会不良风气的影响，当前大学生普遍存在人文素养缺失的现象，礼仪修养缺失正是其中的一方面。衡量一个人的文明程度的标准通常就是礼仪，礼仪不仅能够反映出一个人的道德情操、气质风度及精神风貌，还在很大程度上体现了一个人的应变能力及交际技巧。当代大学生要更好地融入社会，礼仪修养是必修的一门课程。每一个人都生存在社会关系中且随着社会长期不断地发展，逐渐形成了一套礼仪规范。能够很好地遵循这套规范的人则能更好地融入社会，不能遵循这套规范的人则必然会被社会排斥。大学生正是迫切需要得到社会认同的群体，只有认真学习并且具备得体的礼仪，同时还能正确处理人际交往过程中遇到问题的大学生才能更快、更好地适应及融入社会。除此之外，加强礼仪修养方面的培养是大学生全面发展的必然条件。随着社会的不断发展及时代的变迁，社会对人才的要求不断提高，不仅仅追求在校成绩优秀及工作出众，还追求全面发展。而大学生要全面发展并且提升自己的综合素质，必须重视礼仪的学习及应用，让自己成为一个全面发展且德才兼备的人，进而更好地融入社会，为国家的发展贡献力量。

三、礼仪失范的分析

（一）家庭教育的偏失

部分家庭由于众多原因忽略子女在生活中礼仪方面的教育。当代大学生独生子女居多，所处的家庭环境不尽相同，有的家庭在子女教育上，忽略全面理性的思考，导向出现偏差，

导致大部分孩子"自我"的意识强，对于尊重他人、关爱身边人、严于律己、宽以待人做到不到位，对于礼仪的某些核心不明，出现一些对礼仪的不知性；在一些家庭中，全家人把家中的孩子视为"小皇帝"，孩子说一不二，娇生惯养，缺少礼仪的教育，状况不乐观。在教育方式与内容上，急功近利，缺少系统的内容，只是一些零星的教育，呈现无计划的盲目随意性。

（二）自身修养的不足

当今社会受各种思想影响，出现许多"热"，造成当代大学生非常注重自身外在的形象，追求穿着时尚、外表华丽，认识不到礼仪的重要，待人接物中不知道如何用恰当的方式表达效果更好，忽略礼仪方面的修养。生活中有的大学生不注意自己的言行举止，有时出现一些失礼的言行，有的对真善美认识错误。

（三）社会的不良影响

随着社会的发展，各种信息传播速度加快，一些不良的信息、不文明的行为等礼仪缺失的现象对大学生带来一些负面的影响。一些优秀传统的礼仪观念被淡忘，某些思潮影响着大学生的礼仪修养的提升，导致在生活中出现礼仪缺失现象。部分大学生对优秀传统的礼仪认知不够，在一些传统的思想与现代流行的生活方式矛盾时，大学生判断上可能出现无所适从。

四、当代大学生礼仪修养的现状及其原因

（一）当代大学生礼仪修养的现状

目前，当代大学生的礼仪修养虽然大多数还算不错，但呈下滑趋势已是不争的事实。其具体表现有以下几个方面：首先，现在的大学生在家普遍像"小皇帝"一样，衣来伸手、饭来张口，父母稍有责怪或者唠叨过多，便开始顶撞父母，有甚者竟然因父母不能满足自己要求而对自己的父母痛下杀手。根据学校调查显示，现在的大学生无故旷课、不守纪律、与老师发生冲突等现象在不断增加。其次，借网络发展之便，大学生将更多的时间安排在网上冲浪与聊天、追剧之中，喜欢网络词汇，追求个性，崇洋媚外，穿衣打扮崇尚个性的同时追求名牌。

（二）造成当代大学生礼仪修养现状原因

一是家庭方面。当代的大学生中大多都是独生子女，不仅没有兄弟姐妹之间的相处与分享，更多的家长普遍存在溺爱过度的现象。对孩子的骄纵，使孩子认为目无尊长、以自我为中心是理所应当。

二是学校方面。虽然素质教育已经推行很多年了，但是应试现象却有过之而无不及。各学校对礼仪教育的重视程度不同，但实际上大部分的学校并不能将礼仪教育落在实处，

大学生在学校，理论上没有补充，更别提在实践上了。

三是社会方面。社会经济迅速发展，改革开放后，与国际接轨，但西方思想的流入中不乏腐朽文化，这些文化侵蚀着大学生的心灵。社会转型，就业压力增大，什么读书无用论、金钱至上等不良风气，动摇着大学生的信念。

四是大学生的自身方面。学校、家庭与社会对大学生教育的匮乏导致大学生礼仪知识不足，从而导致自身礼仪意识淡薄，自己不能够认识到加强自身礼仪修养的必要，大学生常见的理论与实践的脱节，一定程度上也影响着礼仪修养的知行不一。

五、提升我国当代大学生礼仪修养的重要途径

（一）多加借鉴传统文化及国外优秀的礼仪文化，从中汲取有益的礼仪经验

中国传统文化中涉及海量的礼仪经验，提高当代大学生的礼仪修养可以充分借鉴传统文化。孔子要求自己的弟子学六艺，"礼"排在首位，由此可见"礼"自古以来就十分重要，还是古人进行教育的出发点。古人的礼仪教育从孩童时候就已经开始了，例如《童蒙训》《三字经》及《千字文》等广为流传的读物，这些书中关于为人处世及修身养德方面的内容所占比例较大。中国传统文化中的礼仪资源可以说是取之不尽、用之不竭的，同时可以作为我国大学生礼仪修养培养的重要参考。

除此之外，在当今全球化的大时代背景下，还应该借鉴国外一些优秀的文化礼仪方面的经验，不仅能够促进我国大学生的国际交往，还能够有效提升我国当代大学生的礼仪修养。如日本，企业雇员的修养和礼仪直接影响这家企业的兴衰及存亡，由此可见礼仪修养直接关乎公司和企业的未来发展。社会发展得越快，对于礼仪修养方面的要求就越高。所以当代大学生应该充分借鉴传统文化及国外优秀的礼仪文化为己所用，取其精华，去其糟粕，以此有效提升自己的礼仪修养，进而更好地适应当前不断发展的社会。

（二）家庭、学校及社会共同创建一个良好的礼仪环境

父母是孩子最好的老师，所以家庭环境对学生的影响不容忽视。儿童的礼仪规范及社会生活的基本知识等都是从父母身上学起的。家长应该以身作则，使孩子养成懂礼貌、讲礼节等良好的礼仪习惯。一个有礼仪修养的家庭培养出来的孩子必定是有礼仪修养的孩子。除此之外，学校是学生礼仪修养培养的重要场所。一所校风优良的学校对学生个人素质培养及今后职业发展都有着极其重要的影响。同时社会应该形成一种良好的礼仪修养氛围，制定礼仪规范的相关制度。当一个人处于社会中，周边人都非常讲究文明礼貌，那自己肯定不会做乱扔垃圾等一些不道德的行为。只有家庭、学校和社会三者共同努力创建一个良好的礼仪修养环境，才能更好地培养当代大学生的礼仪修养。

（三）注重大学教师的礼仪修养培养，将礼仪教育融入课堂

在课堂教育中，教师处于主导地位，所以注重对高校教师的礼仪修养培养是进行礼仪修养教育的必备条件。在实际课堂教学过程中，教师的一举一动都对学生有着极大的影响，所以要提升当代大学生的礼仪修养，首先应该提升高校教师的礼仪修养，为大学生的礼仪修养教育活动的展开带来师资方面的保证。

高校应该将礼仪修养纳入教育系统中，开设礼仪修养课程，使当代大学生系统地学习礼仪修养方面的知识及实际应用的规范。据了解我国大部分高校都还没有将礼仪课程设置为诸如大学外语及思想道德修养这类要求全校学生必修的课程。而这是导致一些大学生缺乏礼仪修养的原因之一，这会在一定程度上影响大学生今后职场中的人际交往。所以，将礼仪修养教育归入高校教育体系中是完全有必要的。

（四）大力开展有关礼仪文化方面的活动

礼仪修养方面的教育要取得成效，就必须结合实践，使得大学生在各种实践活动中加深礼仪方面的知识及规范。礼仪实践活动的开展应该以校园文化活动为载体，在高校校园中营造文明礼仪的良好氛围，多多开展一些丰富多彩的有关礼仪方面的活动，例如小品、辩论赛等。除此之外，还可以充分利用校园广播等播报一些名人讲究礼仪的事件，树立良好的礼仪榜样。同时高校教师还应该多多鼓励学生参加校内外的各种礼仪活动及公共活动，以此不断丰富自身礼仪实践经验，将大学生的精神面貌及礼仪魅力充分展示出来。

礼仪修养是一种基本的社会准则，其中主要包括行为规范、道德及习俗礼仪等，不受法律的约束，是属于社会行为调整的一种最为基本的准则。大学生是祖国的未来，所以加强大学生的礼仪教育是十分必要的。礼仪修养的培养不应该仅仅是喊喊口号，更应该将其落到实处，鼓励大学生从身边小事做起。同时礼仪修养方面的培养内容应该适应社会的发展，在大学校园中大力宣传，进而培养出高素质且具备良好礼仪修养的大学生。

我国素有"礼仪之邦"的美誉，几千年灿烂的文明，培养了中华民族高尚完善的礼仪。礼仪是一个民族文明进步的标志，是一个民族精神风貌的体现；对个人而言，礼仪是一个人外在美与内在美的有机结合，是衡量道德水准和有无教养的标尺。大学生是国家未来的建设者，大学生学习礼仪、掌握礼仪、自觉执行礼仪规范，是人际交往成功的必备条件，也是未来中国文明进步的标志。

礼仪修养不是与生俱来的，也不是一蹴而就的，而是需要在后天不断的学习和教化中逐渐形成和提高的。个人礼仪是以文明的行为标准成为一个人自觉自然的行为的一种渐进的过程。因此作为大学生，需要长期的知识积累、陶冶情操和不断的实践。

（五）高等院校要为大学生礼仪培养创造条件

大学生个人形象往往与高校形象画等号，所以大学生是否有礼仪直接体现了一所院校的风貌，大学生的礼仪素养的提升有助于整个高等教育形象的维护。高等院校要真正看到

礼仪在高等教育中的重要性，加强礼仪教育，设置礼仪课程，把礼仪教学纳入文化素质教育的总体规划中，礼仪教育的目的不是仅仅让学生懂得一些礼仪知识，更重要的是能够让学生把学到的礼仪知识应用到社会生活中去，并能够有所创新，体现出新一代大学生的风范。学校要创造条件组织学生参加礼仪实践活动，帮助学生学会适应在不同场合进行交际活动的方式和方法。如学校组织的升旗仪式、誓师大会、演讲报告、社团活动等这些活动不仅加强了学生的集体精神，而且提供了更多交往的机会，也是践行礼仪知识的好机会。

教师要在学生参与各种学校社会活动的时候，给与必要指导，这样更有利于学生礼仪素质的提高。

（六）充分发挥个人的主观能动性

学习礼仪的基本前提就是主体有着自己的主观要求，礼仪规范是人们自觉自愿遵守和维护的行为准则，是在个人主观意识控制下进行的，大学生只有充分认识到学习礼仪的重要性并愿意投身到礼仪的学习中，才可能努力学习礼仪知识，主动去实践。要让大学生认识到"秀外慧中"的道理，大学生习得精湛的专业知识和技能很重要，但是外在的形象、气质，对于个人也是重要的，个人礼仪在个人整体形象塑造中有着很重要的位置，它反映出一个人的精神面貌和内在气质。

礼仪是一个人外在美与内在美的有机结合，内心善良，自然会善解人意，体贴他人；对美有着很好认识的人，穿着打扮自然搭配得体大方。在社会生活中，人们扮演着不同的角色，最佳的礼仪是人们的礼仪符合社会对这个角色所规定的要求。在实践中不断认可自己正确的行为，不断发现自己行为中的不足及时进行改正，把学习礼仪、运用礼仪变成个人自觉的行动，通过长时间不断的努力把讲礼仪变成自己的行为习惯。

（七）理论联系实际，循序渐进

礼仪是一门应用科学，在学习过程中，大学生不仅仅是要掌握礼仪知识和礼仪规范，更重要的是把这些礼仪规范自觉应用到自己的学习、生活、工作中去，在学习过程中，认识到礼仪的重要性，在自己的社交过程中，不断用礼仪来规范自己，改正过去不合礼仪规范的一切行为，是自己在思想和行为上保持与礼仪要求的一致性，在不断的实践中形成礼仪习惯。

礼仪的学习是个循序渐进反复实践的过程，对于一些礼仪知识、礼仪规范，要反复体会、不断运用，才能真正掌握。现代社会，人际交往越来越多，在学习了礼仪的理论知识后，要以主动积极的态度，坚持理论和实际相结合，将自己学到的礼仪知识应用到社会实践的方方面面，能自觉以礼仪准则规范自己的言谈举止，这样持之以恒，就会逐渐增强我们的礼仪修养，改掉一些粗俗不雅的不良习惯。

（八）丰富文化知识，努力提高个人修养

修养是一个人的气质、涵养、学识的综合体现，修养并非一朝一夕可以养成，修养是

一个需要等待、不断积累知识、不断精进提高的过程，修养是一场没有最好只有更好的、没有终点的修行。

礼仪是个人修养、风度、气质等的综合反映，丰富的文化知识是礼仪修养的重要内容，也是提升礼仪品味的坚实基础。讲礼仪、有修养的一般都是文化知识丰富的人，相对而言，他们考虑问题比较周密，分析问题比较透彻，处理问题比较得当，在人际交往中能够充分体现出他们的个人魅力。因此对于大学生来说，学习礼仪知识只是有礼仪的开始，要学习丰富的文化知识，让我们的礼仪更有内涵，更有品位。

礼仪修养是人一生一直学习的课程，大学阶段是一个人世界观、人生观、价值观形成的关键时期，礼仪修养与大学生的成长密切相关，对于他们将来是否能够成为优雅有修养的人奠定了良好的基础。

大学生不仅仅要掌握自己的专业知识，还应该注重自己的综合素质的培养，努力成为一个有理想、有文化、有道德、有纪律的四有新人，做一名在"德、智、体、美、劳"全面发展的新知识分子。当代大学生思想道德修养的提高对于其人生的发展具有促进作用，我们可以通过教育和自我教育两种方法相结合的方式，从两个方面来提升当代大学生的思想道德修养，使其成为"内外兼修"的新时代的当代大学生。

六、当代大学生思想道德修养的涵义

有学者认为"素质是指个体在先天禀赋的基础上，通过后天对知识和技能的内化升华而形成和发展起来的相对稳定的品质和素养的总称"。大学生的思想道德修养包括"思想政治与道德素养、社会实践与志愿服务、科学技术与创新创业、文体艺术与身心发展、技能培训五个方面"。我们可以将这几个方面素养概括为"德、智、体、美、劳"五个方面的协调统一的发展，它们的涵义、地位、作用各有不同，同时又是一个有机的统一体。

德指的是大学生品德的培养，中国有句古话："要成才，先成人！"我国一直都非常重视人才的道德的培养。要培养当代大学生形成较为稳定的心理特点、思想倾向和行为习惯，必须加强对当代大学生的思想政治工作，使其成为促进社会发展、对社会有用的而非阻碍社会发展、危害社会的人才。当今出现了一些犯罪分子利用自己掌握的高科技技术危害社会的行为，被社会称为"高智商犯罪"，便是思想政治教育缺失的表现。智主要指大学生的专业知识、技能等。在这一点上各个高校发展得都比较迅速，无论是学生的数量还是质量上都有了很大提高，智育与德育同样重要，它决定了当代大学生的终身发展方向，是衡量我国当代大学生发展情况的重要指标。尤其是在我国"科教兴国，人才强国"的国家战略下的要求下，提高当代大学生的知识文化水平意义非凡，同时对于提高我国的科学技术水平和综合国力同样有着重要作用。

身体是革命的本钱，有好身体才能更好地学习和生活这一点无可非议。目前大学生们在课外时间自觉参与锻炼的时间更少。在美育方面当代大学生也存在普遍缺失，即使有同学愿意学习一些美学知识也仅仅是出于自己的兴趣。劳主要指的是当代大学生的社会实践活动，如参加一些社区活动、专业技能培养或者专业实习等。在这方面因为当代大学生所处的阶段等现实情况的影响，当代大学生的课内外实践活动的种类和方式都比较丰富。但是，依然存在不少问题，当代大学生的实践活动大多集中于专业技能方面的实践活动，社区服务活动和志愿者服务活动之类的实践活动则参加的不多。对于老师要求、学校要求的活动参加的多，自愿报名的实践活动参加的少。众所周知"高等教育是培养高素质人才、创新科技成果的重要基地"，大学生要不断提高自己的德、智、体、美、劳方面的综合素质的水平。当代大学生思想道德修养的提高不仅是其自身发展的需要，也是当今社会和时代对他们提出的更高要求。

七、当代大学生思想道德修养提升的意义

我国改革开放的几十年里，高等教育培养的各种人才为社会建设和发展作出了巨大贡献，但目前依然存在学校"相对忽视了全方位能力的综合素质人才的培养，所培养的学生既不具备基本的实践技能，也不愿意深入基层工作，造成了人才培养与使用需求脱节"的问题。

首先，当代大学生作为掌握高知识技能的人才对生产力的发展起到重要作用，是推动社会进步的积极力量，因此提高当代大学生的思想道德修养在经济和社会发展中具有不可忽视的地位。当代大学生们的未来也关系着"中国梦"得实现，作为高级知识分子应该发挥自己的重要作用，为实现"中国梦"不断努力。提高当代大学生的思想道德修养是学校为了适应国家和社会的需要，具有思想道德修养的"十"字型人才相对"一"字型人才在市场竞争中处于绝对性的优势地位，全能型人才的培养对于学校的发展也有不可替代的作用。

对于当代大学生个人来说，思想道德修养的提高不仅仅代表自身在人才市场的竞争力的提高，也是自身人生发展的需要。要培养自己的外在气质使自己成为一个有气质、积极进取、阳光向上、内外兼修的人才，在人生的道路上综合素质的提高也将使你受益终身。一个"内外兼修"的人才会受到更多人的尊敬，也可以在职场中更好地发挥自己的各方面的才能，但是怎样才能提高思想道德修养呢？

八、当代大学生思想道德修养提升的途径和方法

一方面学校要加强相关课程的设置和相关学科的设置，完善相关的基础设施。大学生要坚持用马克思主义理论武装自己的头脑，形成正确的人生观、价值观和世界观。同时努力学习基础知识，加强专业知识学习，促进"智育"的发展。在学习的同时也不能忘记积极参加各种活动，尤其是增强身体素质的活动，目前当代大学生的日常锻炼时间不足是一个不争的事实。我们要注重自己对美的培养和追求，培养自己高雅的情操。最后要积极地

参加各种实践活动。在实践中要重视培养自己的创新能力，因为创新人才培养是加强大学生综合素质教育必然和根本的诉求。

另一方面，学校基础设施和相关配套设施以及相关制度的建设也是发展当代大学生综合素质的关键，当代大学生可以通过参加学校的相关的实践活动提高自己的思想道德修养。如大学生就业活动中心的设立对于提高当代大学生的思想道德修养起到了积极的作用，当代大学生通过在就业中心见习工作或参加活动中心举办的各种活动。在活动中学生们不仅锻炼了自己的交往能力和实践能力，也可以达到提高当代大学生思想道德修养的目的。还可以完善相关的制度体系来促进当代大学生综合素质的提高，如制定相关的促进学生就业、创业的政策，制定针对当代大学生的奖学金和助学金的政策。这些都是能够促进当代大学生综合素质提高的具体举措。制定一个切实可行的针对当代大学生的综合素质的评价机制，构建一个有现实意义又可行的评级机制，制定相关的奖惩措施对推动大学生综合素质的提高有重要影响。一个公平、公正具有科学性的评价体系对当代大学生的思想道德修养的提高有重要意义。我们可以根据思想道德修养的要求分成五个部分，然后分别进行评价，采用"五点一线"的评价体系。

总而言之，当代大学生还应该把自身的命运与国家的命运联系起来，要坚定地为人民服务，为国家服务。国家繁荣发展的过程中知识分子在其中起到了重要作用，他们将自己的青春投身于祖国的建设当中，并取得了让人骄傲的成绩。在建设创新型国家，强调自主创新的过程中，进一步加强创新型人才培养，其实质是长期以来加强大学生思想道德修养的一个延伸。

（一）以学生为核心构建系统的思想道德教育体系

思想道德体系建立的根本目的在于提升学生的思想道德修养，目前传统的教学方式只是根据书本内容强制性地向学生灌输道德知识，学生从心理层面就很抵触这种方式，这就使得思想道德教育成为纸上谈兵，收效甚微。现在的高职院校对学科的划分主要是根据特定职业或岗位对人才的需求来确定的，这就造成学生对知识的接触过于单一，培养出的人才具有很强的单一性，一旦就业形势发生改变，会使学生缺少竞争力，不能很好地适应社会的发展。通过构建专业教育+通识教育的人才培养方式，给学生灌输好公民的态度和理解，帮助学生更好地建立正确的人生观、价值观、世界观。通过通识教育把道德教育与生活结合起来，不能眼高手低只懂得道德教育知识，在生活中却没有道德情感和道德意识。道德教育要根据学生的特点因材施教，要充分考虑受教育者个性的发展需求及个性发展的多样性。从丰富大学生的课余生活，组织多样的课下活动，如帮助孤寡老人、组织学生帮助环卫工人清扫街道，协助交警指挥交通等方式，让学生感受到默默为社会付出的这些人的伟大，增强学生的社会责任感，提升学生的思想道德修养。

（二）以网络为途径助力思想道德修养教育

网络已经成为大学生日常生活中必不可少的一部分，电脑、智能手机的普及发展，使得大学生对社会信息的接触越来越多，网络媒体的舆论导向对大学生来说具有重要意义。就像"感动中国"中的人物，这些人我们很陌生，如果没有网络和媒体我们根本不知道原来身边存在这么多令人感动的人和事，我们应以这样的人为榜样，向他们学习，树立起我们自身的思想道德标杆。网络信息传播的及时性、开放性、互动性为大学生提供了表现自我张扬个性的舞台，在网络信息全球化的今天，各个国家、各个民族之间的矛盾纷争不断，在国家和民族利益面前，大学生的爱国主义情怀被激发，维护国家权益，维护民族团结成为大学生共同讨论的话题，让大学生感受到身为中国人的骄傲和自豪，让大学生自发地将自己同祖国的繁荣昌盛紧密联系在一起。

（三）深挖传统文化中的现代元素，培养学生的责任意识

大学生是国家的未来，应该承担更多的社会责任，实现更多的社会价值，"修身齐家治国平天下"这句话就阐明了一个人要想成为对家庭、社会、国家有用之人，就要先从自己做起，修养自身品性，端正自身思想。现今社会人们对传统文化中的儒家思想愈发推崇，儒家学说的精华在于教导人们如何修身立德、培养高尚情操、善待他人，构成了一个完整的社会道德体系。儒家思想提倡的"尊老爱幼""勤奋好学""遵守礼仪""忠君爱国"等理念在经过了几千年的发展演变后又被赋予了新时代的意义，通过在通识课程中设置儒家学说的精华，组织学生学习这些传统文化在现今社会的现实例子，培养学生的爱国主义情怀，加强学生自身的社会责任感，提高学生的思想道德修养。

综上所述，加强大学生思想道德修养是一件综合性的任务，高职院校肩负着为国家、为社会输送人才的重任，更应该注重对大学生综合素质的培养，充分发挥大学生自我反思、自我学习的主观能动性，通过课上教学、课下举办活动，引导大学生树立正确的人生观、价值观，不断提高大学生的思想道德素养。

第二节　礼仪与艺术修养

大学生艺术教育中存在很多礼仪修养缺失问题，极大影响大学生在校园乃至公众面前的文明礼仪形象。笔者从四方面提出加强大学艺术教育对礼仪教育渗透策略：正确认识艺术教育、转变礼仪教育观念、礼仪教育走进课堂、课程设置多样化。

中华民族是著名的礼仪之邦，在中国五千年的文明历史中，有无数先辈是现代人的礼仪楷模，因此，大学生更应该具备必要的礼仪修养。然而大学生群体之中出现很不乐观的礼仪缺失现象，笔者现简析如下。

一、大学艺术教育中礼仪教育缺失问题

首先，大学艺术教育中注重学生艺术欣赏以及审美等教育，但是中华民族的礼仪教育却有些缺失。面对中华五千年的优良礼仪文化，大学生却觉得那些礼仪过于烦琐，很不时尚，因此在心理和行为上都产生抵触情绪。其次，面对开放的现代社会，部分大学生对于学校的教学和生活规章制度不能遵照执行，有时明知故犯；对于师长的教诲不理不睬，对于同学的困难漠不关心。如果同学之间产生纠纷，双方不知礼让，往往出现很多矛盾激化的事例。

二、大学艺术教育中礼仪教育重要性

（一）指导学生塑造较完美形象

当今社会，经济发展程度愈发完善，人们对文明礼仪的要求也不断提高。因而，学生塑造良好的外表形象在其工作、交往中有着非常重要的作用。对于个人如此，对于组织也是如此，每个成员，都是组织的形象大使。可见，大学礼仪教育中开设的个人礼仪教育、社交礼仪常识知识，还有必要的交际和形体训练等，对大学生形成端庄的礼仪、渐趋完美的形象至关重要。

（二）引导大学生养成良好性格

人常说：细节决定成败，性格决定命运。礼仪训练的优劣直接决定着大学生性格的好坏，训练礼仪的过程就是形成良好性格的过程。优良的礼仪给他人的感觉就是谦逊大方、彬彬有礼，对于个人魅力的塑造是至关重要的。

（三）构建学生良好的人际关系

在马克思主义哲学当中曾经提到：人的本质并非将单个人的特征进行抽象，而是全部社会关系的总和。我们都明白一个道理，只要有人群的地方就会有多种社会关系，在众多的人际关系中，形形色色的人担任着不同的角色。在不同群体中，需要相互配合与协作，进而满足人们各自的需要。所以，大学生建立良好的人际关系对其未来的发展意义非凡，礼仪教育主要涉及交往态度、求职技巧、为人处世的方式等内容。通过这方面的培养可以使得学生自我修养得到大幅提升，并且拥有很强的自控能力。在与人接触的时候能够保持谦卑与乐于助人。如果学生能长时间地坚持礼仪知识的学习，那么其人际交往能力必然得到很大的提升。这些能力对学生将来的发展有着至关重要的作用。

（四）提高学生求职就业竞争力

礼仪教育对于大学生的形象和性格以及人际关系的形成至关重要。面向社会求职的大学生来说，最为关键的是提高大学生的竞争力。因此，礼仪教育可以大大提升专业技能较

强的学生的外在举止，使得这些学生内外兼修，从而在社会竞争中保持优势。

三、加强大学艺术教育对礼仪教育渗透策略

（一）正确认识艺术教育，转变礼仪教育观念

广大师生应该正确认识艺术教育，不仅仅注重专业艺术的培养教育，更应该注重文明礼仪教育。在教学观念上，各大高校和所有大学生应该提高认识，转变观念。从本质上明确艺术教育至关重要，但礼仪教育不可缺少。礼仪教育应该在艺术教育课程中成为重要的组成部分。在理论上补充，更要结合实践，在实践中学习礼仪，提高大学生的礼仪修养，全面提高学生的礼仪素质。

（二）礼仪教育走进课堂，课程设置多样化

艺术教育是大学生的必修课，在课堂中渗透礼仪教育是提高大学生礼仪的有效途径，有些大学课程中没有设置艺术教育课程，尤其是理科专业为主的大学。这种方式使得礼仪制度与我国传统文化之间难以有效衔接，使得礼仪教育和人文教育独立开来，这对大学生人格的培养极为不利。所以，高等院校必须把礼仪教育作为一门必须课程来对学生开设。其次，某些学校由于基础设施欠缺导致礼仪教育难以开设，那么可以设置一些选修课以供感兴趣的学生选修。最后，除了基本的礼仪教育以外，高等院校还可以通过健身房等机构训练学生的形体，让学生既有内在美也有外在美，从而提升大学生综合素养。

（三）创设良好学习环境，营造学习礼仪氛围

艺术教育不仅仅局限在课堂教学中，更要在广阔的校园生活中大放异彩，在丰富多彩的校园活动中渗透必要的礼仪教育。因此，创设良好的学习环境，营造学习礼仪的和谐氛围对提高礼仪教育尤为关键。首先，在校园艺术社团中建立礼仪宣传队，通过宣传队的多项礼仪宣传活动，使广大学生看到宣传队员的礼仪带头作用，引导学生明白优雅的礼仪形象是能够训练出来的。其次，如果学院当中开设秘书专业，那么可以举办相关的比赛来进行优秀秘书评选，并将参赛者分成专业组与业余组，然后借助个人才能展示、基础知识掌握程度来进行评选。这种类型的活动一方面可以使得学生更加重视对基本的礼仪规范的学习，另一方面可以让学生们认识到礼仪知识学习的重要性。再次，图书馆应当购进更多的关于礼仪培养方面的书籍，以供大学生进行学习。最后，务必将通过学习礼仪知识便可以提升自身修养的思想灌输给学生，让这种良好的礼仪学习氛围在学生当中扩散。

（四）强化教师队伍建设，鼓励学生提升自我修养

艺术教育教师要在教育教学中创设时间和空间鼓励学生主动交际，自觉进行礼仪交往，引导大学生在实践中提升自己的礼仪修养。同时，大学艺术教师更要言传身教，用文明的语言感染学生、用高雅的行为影响学生、用儒雅的礼仪熏陶学生，使学生看到自己的榜样，

积极主动地学习效仿。鼓励学生及时改正自身的不良行为习惯，循序渐进、稳步提高、积极进取、文明理智、力争上游。真正做到文明出行、礼貌待人、言谈高雅、形象优雅，无论在哪种场合都能得到大家的尊重和认可，提升自身的人格魅力，转变自身的竞争地位，达到在学业和事业等方面稳步发展。

综上，在我国的精神文明建设环境下，大学生礼仪教育是至关重要的环节，因此，教师要结合多方面因素提高大学生礼仪修养，调动家庭、社会、个人、学校等多方面力量齐抓共管、群策群力，力争全面、快速地提高大学生礼仪修养，使大学生不仅具备高端的知识，还具有高水平的礼仪修养，成为社会上具有高尚道德修养的高级人才，为祖国的繁荣富强贡献力量。

第三节　健全的身心素质

从社会、学校、家庭等方面分析影响大学生身心素质的因素，阐释培养大学生身心素质的意义，探究培养大学生身心素质的方法。

身心素质是身体素质与心理素质的合称。身体素质是指大学生应具备的健康体格，全面发展的身体耐力与适应能力，合理的卫生习惯与生活规律，等。心理素质是指大学生应具备的稳定向上的情感力量，坚强恒久的意志力量，鲜明独特的人格力量。

一、培养大学生良好身心素质的意义

（一）良好身心素质是社会对大学生的基本要求

健康的身心不仅有利于大学生树立正确的人生观、价值观，形成健全的人格，提高社会适应能力，而且有利于大学生身体的健康、协调发展，使他们茁壮成长。大学生只有具备良好的身心素质，才能承担起建设国家、报效人民的重任。

（二）良好身心素质是大学生成才、发展的基础和关键

大学生成才应具备4项基本素质，其中政治思想素质是主导，科学文化素质是核心，心理品格素质是关键，身体素质是基础。虽然，偏离"主导"会方向不清，抓不住"核心"会没有重点，但如果没有良好的身心素质，大学生发展就会成为无源之水、无本之木。

（三）良好身心素质是大学生发展的内在需要

由于受社会、家庭以及自身发展的阶段性等因素影响，许多大学生没有形成良好的身心素质，这严重影响了其健康成长。因此，为了祖国美好的明天和未来，为了大学生幸福、快乐的人生，必须着力培养他们的身心素质。

二、影响大学生身心素质的因素

社会、家庭和学校教育等是大学生产生身心问题的主要因素。

（一）社会多元文化价值观影响大学生的身心健康

随着西方文明涌入及网络时代的到来，迅速涌现的新事物、新思想、新潮流，给大学生传统、稳定的价值体系带来很大冲击。在给大学生带来新的思想意识和价值观念的同时，也对其身心健康产生了一定影响。

（二）社会不良环境对大学生的身心健康产生影响

受拜金主义、金钱至上思想的影响，部分图书馆、青少年活动场所的功能也发生了变化，成了谋求经济利益的地方。不良的社会风气，内容不健康的书、影碟和游戏不仅影响了大学生心理的健康发展，而且带来了许多社会问题。

（三）学业压力

由于没有了中学时的严密监管和学习重压，不少学生进入大学后因自律性较差、未掌握大学的学习方法导致考试不及格、心理压力大，从而易引发如自信心下降、意志消沉、过分担忧等复合情绪障碍。

（四）就业压力

部分大学生观念陈旧、思想僵化，既不能正确看待当前的就业形势，也不能正确评价自己，眼高手低，小事不愿做、大事做不好，对就业前景悲观失望，对自己的前途丧失信心。

（五）人际关系

一部分大学生由于生活中缺乏情趣、兴趣狭窄、人际关系紧张，很难融入集体，性格孤僻，易患上抑郁症，严重者甚至出现自伤、自残、自杀倾向。

（六）家庭教育

父母不当的教育使大学生任性、依赖性强、骄横。一部分家长在子女考入大学后将更多的精力转移到提供经济支持上，对子女的心理成长关注不够。

（七）学校原因

高校注重专业知识、专业技能的教育教学模式，忽视了对大学生创造能力的培养以及心理健康教育，不利于大学生形成健康的心理和健全的人格。

三、大学生良好身心素质的培养

（一）树立正确的自我意识

健康、正确的自我意识表现为认识自己和对待自己的统一。这就要求大学生既要能正确分析、观察、评价自己，做到自知；又要能对自己不满意的地方正确看待，肯定、接纳自己，做到自爱。树立正确的自我意识，需要对成才目标进行正确定位，变过度期望为适度期望。教育者要对学生尊重与要求并重，以鼓励为主、批评为辅；加强校风、班风建设，为大学生自我意识的健康发展创造良好环境。只有多方并举、多管齐下，才能促进大学生自我意识健康发展。

（二）掌握应对心理问题的科学方法

遇到心理困惑或问题时，要敢于正视，不可逃避。首先，要掌握科学的思维方法，抓住主要矛盾和矛盾的主要方面，各个击破。其次，主动学习心理健康知识，提高心理健康意识，自觉维护自身的身心健康。通过参与心理健康课、心理健康讲座，阅读心理卫生书刊以及寻求心理咨询人员的帮助等途径，正确认识自己的心理状态，针对自己的情况进行心理调整。

（三）合理地控制情绪

人的情绪是有周期性的，平和、高峰、平和、低谷、平和……周而复始，循环往复，高峰体验和低谷体验都是短暂的。在低谷时期较敏感、脆弱，一旦受到外在因素的干扰，极可能采取极端行为，给他人和自己造成无可挽回的损失。所以，当处于情绪的低谷期时，要学会做自己情绪的主人，善于调控自己的情绪。首先，合理宣泄（如找朋友或老师倾诉，唱歌、跳舞等）。其次，积极转移（如感情受挫就转移到学习中去；生活中得不到期望的尊重，就转移到增强自我内涵的活动中去，学习、锻炼、社会实践等都是很好的转移方式）。最后，升华提高（对学习效果不满意，就认真分析原因积极改进；当自己屡屡退缩，不敢展现自己，就寻找机会锻炼自己，直到真正具备实力为止）。

（四）积极参加集体活动，增强人际交往能力

人际交往与沟通能力是事业发展与成败的关键。健康的人际交往不仅有利于大学生个性完善、情绪稳定，而且有利于增强团队和合作意识，并在此基础上获得友情，增强社会适应能力、人际交往能力、表达能力、动手能力、开拓创新能力、组织管理能力、自控能力等。

此外，积极参加体育锻炼，保持身体健康，也是促进身心健康的重要途径。

总之，大学生身心素质的培养和提高，需要依靠学校有目的、有计划地进行，更需要依靠大学生坚强的意志与毅力及其在平时学习和生活中的锻炼。

四、音乐审美对大学生身心素质的影响

随着经济和社会的快速转型，应试教育弱化了学校人文素质教育，导致大学生身心素质发展问题越发突出，犯罪、自杀等恶性事件常见于媒体。当然，当下大学生的身心总体是健康的，可问题的出现也不是偶发的，有其内在的规律，从某种程度上说，也是折射出了当代大学生的身心生存状态和当前高等教育存在的问题。如何构建有效的学生心理健康发展模式，探寻有利于学生良好心态发展的途径与干预方式，是高校广大教育工作者所面临的一项重要而又紧迫的任务。

（一）音乐审美的价值与情感熏陶性

音乐在各门类艺术中素来享有"皇冠艺术"之誉，在许多大师的美学体系里都享有很高的地位。孔子曾说"兴于诗，立于礼，成于乐"，乐是人进行自我完善的最佳媒介。王夫之曾这样阐发孔子的"成于乐"："'成于乐'……治于视听之中，而得之于形声之外，以此而已矣。"（王夫之·《船山全书》）老子也曾有"大音希声"之说。在古希腊，音乐被认为是追求真理和美的活动，是打开精神世界和宇宙世界的钥匙。柏拉图认为最好的音乐能使最优秀和最有教养的人获得快乐，能把人教育成为美的和善的公民。叔本华的哲学最具代表性，他的哲学可以说就是音乐哲学，他认为，音乐跳过了理念，不依赖现象世界，直抵本体，"音乐乃是全部意志的直接客体化和写照"，"不是理念的写照，而是意志自身的写照"，音乐是"形体化了的音乐"或"形体化了的意志"，他甚至把"音乐"等同于"意志"："音乐如果作为世界的表现看，那是普遍程度最高的语言"，它诉说着理性的概念无法言说清楚的本体问题，或者说音乐就是"意志"的喉舌，决不是它的表象，"而只是表现一切现象的内在本质，一切现象的自在本身，只是表现着意志本身"，"是最内在的、先于一切形态的内核或事物的核心"，提供的是"前于事物的普遍性"。

音乐美的最大特点是抒情性，这一点比其他门类艺术更有优势。黑格尔也看到了音乐迥异于其他艺术的地方："音乐是心情的艺术，它直接针对着心情。"因此音乐对人内心的影响是深刻的："如果我们一般可以把美的领域中的活动看作一种灵魂的解放，而摆脱一切压抑和限制的过程，因为艺术通过供观照的形象可以缓和最酷烈的悲剧命运，使它成为欣赏的对象，那么，把这种自由推向最高峰的就是音乐了。"大学生正处于青春期，生理发育已经成熟，但其心理还处于不成熟的阶段，这种生理上的成熟和心理上的不成熟之间发生着激烈的碰撞，当遇到问题时往往不知所措。高等教育的大众化与社会对人才的高要求而造成的就业压力，导致大学生存在着认知上的茫然，这种茫然极易诱发学生的心理问题。而有时的盲目乐观、自我中心、自以为是，易引起他人的反感进而导致失败感，并导致苦闷、自卑，有时甚至会引发过激行为和反社会行为。影响大学生身心素质健康发展有大学生自身性格与修养、家庭学校及社会的影响的内、外在因素。而音乐审美欣赏，对上述问题的解决和缓解有其独特的作用。

音乐审美欣赏是艺术哲学的一个分支，是一项音乐艺术实践活动，它通过对音乐的感知、体验和理解来呈现，从而使被教育者获得对音乐美的享受，得到心灵的慰藉和认知的满足。它作为人类文化的重要载体和形态，蕴含了丰富的文化历史内涵，以其独特的艺术魅力伴随着历史文化的发展，是人类精神世界的伊甸园。它的过程是认识过程和情感体验过程相互交融的，感性与理性并存的活动，是一个主观能动的再创造过程。教育者和大学生一道，通过对音乐作品作曲家的创作意图、思想情感、时代背景的分析，增进对作品的理解，再从听觉的直观感知中获得信息，结合现实生活经历以及对音乐的认知，通过想象等一系列的心理活动来探索音乐想要诉说的内心独白，通过心理情感的映射和反馈，产生对音乐美的共鸣。

荀子在《乐论》中提到："夫乐者乐也，人情之所必不免也，故人不能无乐。"音乐对性格的培养、情绪的稳定、心智能力的发展所起到的积极作用，在我国备受教育家、心理学家、音乐家的关注。所以高校应加强对大学生音乐审美欣赏的重视，通过音乐审美欣赏教育来直接触及受教育者内心深邃的情感世界，使其心灵得到净化和陶冶、人格得到激励和升华。由此可见，增强大学生审美能力，提高大学生的艺术修养，对促进大学生身心结构的全面发展，能起到事半功倍的作用。

（二）音乐审美的内涵与心理活动过程

音乐美的构成主要包括乐音、节奏、和声、音色、旋律和曲式，这些要素构成了音乐作品的整体结构。乐音总是在在场和不在场之间来回摆动。节奏是乐音时值进行有顺序的组织，通过节拍、重音、休止、强弱、快慢、松紧等体现出来，是音乐作品的骨架，在许多音乐家那里，节奏都具有比旋律更为重要的表现意义。和声是两个以上的乐音按照一定的规则同时发声而形成的音响组织，西方 19 世纪以前的音乐都以和声为基本表现形态。旋律是由不同音高富有逻辑规律的单声部音乐构成，不同的旋律与紧张、痛苦、欢快等情绪状态密切相关。

音乐是流动的时间艺术，其创作和表演都是为了供人欣赏，它给人们带来美的享受，带来精神层面上的满足与愉悦。以人作为主体和以音乐作品作为客体来说，不同的作品给人带来不同的听觉冲击，即便是相同的作品也会有不同的理解，不同的个体产生的音乐审美感也具有个体性。人们通过主体意识活动，用审美的眼光来欣赏音乐，有选择性地给自身加以影响，可以给身心带来和谐美好的体验。音乐审美欣赏和美学、历史、地理、人文、心理学等学科也有密不可分的联系，可以使学生思维能力从单一转向多维度、多元化的方向发展，与其他学科相互渗透及融合，不仅为自己学科专业奠定了良好的基础，而且为培养开拓性思维做好了准备。音乐审美欣赏是情感可以依托的一种形式和载体，对大学生自我价值的实现、审美观念的提高、创新思维的养成、丰富的情感表达能力、身心素质的提高，都有举足轻重的作用。斯宾格勒曾言，"只有音乐才能使我们离开这个（视觉）世界，粉碎光（视觉统治）的无情暴力，并使我们妄想我们即将接近心灵的最终秘密"，而"音乐对我们所具有的不可名状的美丽和典正解放的力量，正在于此"。也就是说，音乐审美能让人从外在的视觉世界回到自我的内心世界。

音乐欣赏一般分为审美期望、审美实现、审美弥散三个阶段，它是一个包括感知、记忆、想象、情感、领悟的心理活动过程。第一个阶段欣赏者通过聆听获得对音响的感知和直觉的感受，第二阶段则是通过联想深入体会到音乐所要表达的思想的过程，而最后一个阶段升华至对音乐的理解、顿悟并产生共鸣。例如华彦钧的二胡曲《二泉映月》。首先，它那百转千回、愁肠凄凄的旋律，给人带来听觉上直接的冲击；其次，从故事、乐理，还有先前的感性经验把握，定性乐曲的基本情绪；再从起伏多变的力度和速度，以及非常具有导向性的标题，理解作者是如何通过对景色的借喻来表达悲愤交加，饱尝人间心酸与痛苦的内心世界；有了基本的理解后，最终把乐曲与当时的时代气息联系起来，把想象的内涵通过心理结构推向本质的最深处，进而引导出这首经久流传的二胡曲并非简单意义上描写景致和借景抒发个人心中苦闷的愁绪的乐曲，而是对那个时代被压迫的穷苦大众刚毅、坚定、不屈不挠性格的体现，是对那个黑暗社会的控诉之声，从而把音乐审美欣赏提高到人类社会审美进步的高度，这便具有很深刻的现实意义。

就音乐的美感来说，叔本华认为，急促而变化不大的曲调就像人的欲望迅速得到满足所获得的幸福感一样是令人愉悦畅快的；缓慢的、逆耳的不谐和音要在许多节拍之后才回到主调音上，它就像久久得不到满足的欲望一样是悲伤的、痛苦的、压抑的；快板舞曲短暂而紧凑的节奏就像轻易就得到的幸福是庸俗的；那种轻快的、音句大、音距长、变音幅度广阔的舒展慢调则标志着一个远大高尚的意志，看不起琐屑的幸福："在柔调中达成最高痛苦的表示，成为最惊心动魄的如怨如诉"，但音乐并不是这种个别的愉快、抑郁、痛苦、恐怖、快乐、高兴等，而是抽象地、一般地表示它们自身。只有曲调才能把我们从这痛苦中解救出来："正是这种专属于音乐的普遍性……才赋予音乐以高度的价值，而音乐所以有这种价值乃是因为音乐可以作为医治我们痛苦的万应仙丹。"音乐审美欣赏是唤起各种心理要素的综合活动，要完整的欣赏一部作品，不仅仅从曲子本身，还得从人类文化的发展做整体分析，需要整个心神的投入，并发散到情感心绪的每一处，从而相互渗透，互相协调，升华为美得体验和感受。

（三）音乐审美对大学生身心健康发展的作用

1.大学生身心健康状况

自 20 世纪 80 年代中期以来，我国大学生存在心理障碍的人数呈逐年增长的趋势，其频率、范围、程度都在不同程度地加快、加大、加深。由于他们既要应付由生理带来的心理上的变化，又要承受社会环境给予的压力，所以处在各种错综复杂的心理矛盾之中。生理、心理、学业、就业、社会关系、人际交往等各方面对大学生带夹的影响，使他们存在不同程度的心理压力，是导致心理障碍的主要因素，这一状况非常不容乐观。学生存在着适应的问题，其中包括生理成熟和心理成熟相对迟缓的矛盾，寻求理解和自我闭锁的心理矛盾，理想性和现实性的矛盾，独立性和依赖性的矛盾，群集友谊和争强好胜的矛盾以及情感困惑等心理情绪。相对问题较大的学生来说，更多的人处于心理亚健康的状态，这是心理健康的灰色地带。从医学的角度来看，这些处于灰色地带的学生虽然各项体检指标都趋于正常，但与健康的学生相比，这部分学生通常表现为学习效率低下，生活质量较差，食欲不佳，注意力涣散，情绪不稳定易焦虑，对人生没有明确的目标，工作没有动力，等。

从学校教育来看，注重应试教育、人文素质的短腿，使学生变得功利、自我为中心，当今社会网络、媒体的发达，大量良莠并存的信息高速传播，享乐主义、拜金主义、虚无主义、自我中心主义等思想在大学生中盛行。他们盲目追求浅薄的"快餐文化"，远离经典著作，人文底蕴欠缺；学风上，心理浮躁，难以静下心来读书做学问，缺乏理想与信念，有的甚至漠视他人的情感与生命。

如果长期心理处于心理亚健康状态，并且不采取有效地手段和措施进行抑制，很容易会滑向心理疾病的状态，所以这是当代大学生心理指导方面不可忽视的重要问题。音乐审美欣赏是改变大学生心理问题的有效途径。

2. 音乐审美对大学生能力培养的作用

音乐是美的产物，语言的尽头是音乐产生的地方，所以人们通过音乐表达自己的内心情感，以及对事物的各种愿望，可以淋漓精致地刻画出令人神往的意境，直接打动欣赏者的心灵。音乐就像色彩斑斓、光怪陆离的梦境一样，让人可以在自己创造的内心世界自由翱翔，使情感和音乐达成共鸣，获得精神的满足。因此，音乐欣赏可以培养大学生对美的感受能力。正因为音乐可以给学生们带来充分的想象，它可以是一个具体的形象、一个复杂的故事、一幅美丽的图画，同时它也可以是一个抽象的概念、一个对某种心理感受的刻画，这种想象联想过程，可以让大学生充分体会到美，并可培养学生思维的广阔性、独立性、新颖性。在感受和体验到美得基础上，大学生可以自主对美进行创造，这是学生在具体的应用或学习生活的拓展和延伸中的一种表达方式，这是在对周围的事物和自己本身深入的认识后，得到的情感升华。

音乐审美欣赏培养了大学生们审美的能力，调整他们的审美观、价值观、人生观，从而使压抑的情感得以抒发、情绪得以释放。

3. 正确开展大学生音乐审美欣赏

大学生具有探索精神，他们善于透过思考来发现问题的本质，因此大学生对音乐审美欣赏的选择和倾向与其文化层次、成长环境、个人兴趣息息相关。根据不同的个性差异可以提供古典、流行、民间、世界各种不同民族特色的音乐来进行普及与推广。让大学生乐于参与其中，并从音乐审美活动中获得良好的情绪体验，产生乐趣，同时得到感知力的提高，迅速判断和协调身心的能力得到锻炼，使其变得更加敏捷、灵活。综上，我们需要关注以下三点：一是，使注意力引向音乐；二是，注重音乐中的情感的抒发，它有助于消减心理压力；三是，对音乐形态时代性的分析，激发大学生爱集体和爱国家的热情。

学生在大学期间非常想自我体现，而音乐审美欣赏恰巧可以增加情绪的稳定性及和谐性，对独立人格的形成和自我效能感的提升有显著作用。音乐审美欣赏可以营造学生在一起相互交流、团队协作、共同探讨问题的轻松愉悦的环境，以消除工作、学习、生活中带来的烦恼、压力及疲劳感，给身心以舒适，进而表现出良好的情绪状态。这就很大程度上抑制了内心的矛盾与冲突，消除了心理上的忧郁和躁动，平复了心理上的焦躁，维持了内心的平衡。只要方法得当和引导正确，通过音乐审美欣赏来缓解和改善大学生由于各种来自社会、家庭、就业、生活等方面的压力而产生的心理压抑及焦虑的效能是显而易见的。音乐审美欣赏以其特有的表现形式和强大的影响力可以满足大学生追求真善美、寻求理解、追寻自我、寻找爱和归属感等高层次的社会需要，从而激起大学生乐观稳定的情绪、积极向上的生活态度，培养其健康向上的人格。

大学生音乐审美欣赏，是一个复杂而精细的教育和心理认知过程，我们应思考和研究每一个教育和心理环节的互动过程，从心理特征了解音乐审美活动，把握音乐审美欣赏心理中所蕴藏的规律，最大限度地提高大学生的音乐鉴赏力和音乐审美判断力。大学生由音乐元素的基本概念认知至音乐的鉴赏与表现，是一个渐进的过程，掌握音乐作品的适宜度，有效地开展音乐审美欣赏陶冶模式的心理教育，充分地发挥音乐艺术的心理健康功能，润物细无声。随着大学生音乐审美欣赏力的提高，其必将会有意无意地把这种美学修养迁移到其他的学习生活中，其后续效能是难以估量的。

五、定向运动在提高大学生身心素质中的作用

定向运动是利用一张详细精确的地图和一个指北针按照规定顺序，独立寻找若干个标绘在地图上的地面检查点，并以最短时间跑完全部赛程为胜的体育运动项目。定向运动自20世纪80年代初传入我国以来，在高校中发展迅速，因其具有技术性、趣味性、竞争性等特点，既可以培养高校大学生的独立分析问题、解决问题的能力和拓展思维，又可以在自然界中陶冶情操、锻炼身体，从而能够起到提高大学生身体素质和心理素质的良好作用。

（一）定向运动在提高大学生身体素质中的作用

1. 可以促进大学生耐力素质的提高

定向运动往往是不借助任何交通工具，徒步寻找目标，因此如果没有良好的耐力素质是很难完成比赛任务的。然而仅仅把枯燥乏味的长跑作为提高耐力的有效手段，已经很难吸引大学生的兴趣。定向运动所特有的趣味性使大学生乐于坚持长时间的耐力锻炼，他们穿梭于空气清新的丛林、山地、溪流、沙滩、湖泊等自然风光之间，角逐着体力，较量着智力。大学生在不断地判断地形和选择路线中，快乐地接受野外生存训练，不知不觉中锻炼了耐力，同时也提高了意志力。

2. 有助于培养大学生的适应能力

定向运动这种新型体育项目不用太多投资，只要绘制定向地图和很少的器材，就可以充分利用校园、公园、郊外田野、森林、山地、沙漠、草原等现有地形条件，把仅限于体育课堂的、竞技性很强的跑、跳、攀爬、跨越等基本内容延伸到社会和大自然中去，最大限度地拓展了体育课堂的空间和时间，使大学生的活动空间增大。对于参与者来说，每一次任务都是新鲜的，其中所遇到的困难和问题都是不可预见的，这就要求参与者用自己的智慧、体力与他人合作，尽快适应各种环境，及时处理遇到的问题，在不断战胜困难和体验成功的过程中，增强适应能力。

3. 有助于培养大学生终身体育的意识

定向运动要求参与者除了具备定向运动的相关知识外，还需要具备一定的体育理论、体育卫生、自然常识等知识，以便在运动中科学地分配体力，合理地调整呼吸，控制跑的姿势和速度以及运动中的伤病预防，自救和互救。通过定向运动这种方式使大学生将在课堂上所学到的知识在实践中应用，这样把理论与实践结合起来有利于大学生养成良好的锻炼习惯和形成终身体育意识。

（二）定向运动在培养大学生心理素质中的作用

1. 有利于培养大学生顽强的意志品质

定向运动的比赛都规定了一定的距离，设计了一定的路线，而且在定向比赛中道路复杂多样，这要求参加者有好的速度和耐力。它特有的趣味性使学生乐于进行长时间的耐力锻炼，学生在寻找标志点的过程中需要克服一定的困难。这对于学生的意志品质起到很好的磨练作用，从而促使学生养成敢于面对困难、挑战困难、战胜自我的品质。

2. 有利于大学生独立判断能力的培养

为了能够在最短的时间内找到目标，定向运动的参加者必须根据比赛的地图，独立准确地确定自己所在的方位，并且快速地决定前进方向，选择正确的运动路线，从起点到终点都必须独立地做出所有决定，没有任何提示。在整个活动过程中，自己的判断能力决定了路线的正确与否，从而影响整个比赛的进程。所以说，定向运动对于培养大学生的独立思考与判断能力非常有效。

3. 有利于大学生个性的培养和发展

定向运动不仅仅锻炼了学生的耐力素质，而且还促进了学生个性的发展。学生在跑动过程中学会思考、选择最佳的路线，同时在找点的过程中持有一丝不苟的精神和认真仔细的态度，根据地理位置判定自己在图上的实际位置，从而培养了学生独立解决问题和分析问题的能力，防止和避免优柔寡断、孤僻怯懦的性格，使学生在运动过程中充满信心，体会到成功的乐趣。同时，教师鼓励学生勇于创造、积极进取，鼓励学生努力学习，使学生在定向运动中既锻炼身体、提高运动技能，又达到发展个性和完善人格的目的。

4.有助于发展大学生的协作精神

学校体育教学的目标之一就在于增强学生的社会适应能力，对于当今社会而言，社会适应能力就意味着要与别人充分合作，协作意识与协作能力已经成为人们生存发展的重要内容。定向运动本身就是一项需要参与者相互交流、互相协作的项目。在教学中遵循由易到难、由简到繁的原则，根据学生的自身特点，分配不同难度的任务，明确比赛规则，使学生只有通过相互切磋、积极协作才能完成任务，充分体验到合作带来的快乐。而开展班际、系际、院际比赛，还可以增强学生的集体荣誉感。

第四节　大学生思想道德修养与礼仪修养的方式

大学生思想道德修养的高低决定着我国未来国民素质水平，所以加强大学生思想道德修养与礼仪修养的培养十分必要，但高校对思想道德与礼仪修养的教学还有很多不足之处。

中国是礼仪之邦，在几千年的历史孕育中，不论是古代还是现代社会，都将"礼"作为治国之本，中华文明的核心思想就是"礼"。在现代社会中，道德与礼仪，约束着每个人的行为举止，推动着社会文明有序地向前发展，维系着人与人之间健康和谐的社会关系。礼仪与道德修养是中华文明的传承，是社会发展的根基。

一、大学生思想道德修养与礼仪的现状

（一）高校对大学生思想道德修养与礼仪修养的重视程度不足

对于思想道德与礼仪修养的培养，人们过多地会注重在孩子年龄比较小的阶段开始培养，忽略了大学时期的培养，但其实中小学是培养的初级阶段，大学是将道德与礼仪定型的阶段。因此加强大学生思想道德与礼仪修养培养就显得尤为重要。但是，在一些高等院校的基础教学中，比较重视大学生的文化素质教育，往往忽视了道德文明教育。在众多的高校课程中，大学生的思想道德教育与礼仪修养的课程都有开课，但通常都是选修课或者课时安排得很少。高校对思想道德建设的不重视会导致大学生思想道德修养与礼仪修养的缺失。

（二）道德修养建设培养的方式需要整改

大学生的思想道德建设是一个漫长的过程，也是十分重要的过程。关于大学生思想道德培养的方式方法直接影响着最终教学成果的质量。目前，大学生的道德建设与礼仪修养的教学方式还比较单一，大多都是理论课程，并没有与实际生活需要及社会实践相结合，许多方式都是空谈。因此，改进教学方式对培养大学生思想道德建设十分重要。

二、加强大学生思想道德修养与礼仪修养的意义

（一）有助于完善大学生人格的需求

人格具有一定的魅力，是人的心理过程与特征的总称，是内在素质与外在素质的统一表现。高校开展思想道德培育课程着重培养的是大学生的宏观教育，对人格培养教育程度还不够。日常生活实践证明，思想道德建设成功的关键是要与日常生活的行为规范紧密结合，生活实践最容易强化人的思想观点、礼仪行为与心理道德。因此，培养大学生思想道德修养与礼仪是推进学生人格向前发展的驱动力。

（二）有助于提升大学生的人文精神

高校教学的重要目的之一是提升大学生的人文精神。一个人的文明举止是否优雅、是否有气质是文化素质底蕴的表现，更是人文教育结果的检测。大学生通过对礼仪规则、姿态、语言的培养，学习高雅的礼仪、养成礼仪的交往方式与风度会体现出谦逊有礼的风范。

（三）有助于培养大学生的文化认同感

文化是一个民族文明的象征，培养大学生的民族文化认同感非常重要。失去民族文化认同感会不利于民族文明的发展。民族文化认同感需要社会各界的努力，所以在高校培养学生的文化认同感十分必要，也是比较有效的一种教育方式。大学生对道德与礼仪规范的学习，会推动中华民族文化的发展与传承，增强我国文化发展的实力。

三、加强大学生思想道德修养与礼仪修养的方式

（一）加强学校的思想道德建设

大学生的思想道德建设是一个长期且艰难的过程，教育需要日积月累才会有成果。思想道德建设在大学期间有着塑造与定型的作用，因此，高等院校要加强学生的思想道德建设，除了在日常理论教学方式培养上，更要注重在大学生的日常生活实践培养。例如，带大学生走进社区敬老院，关爱孤寡老人，陪老人说说话、聊聊天、整理内务等，亲身感受思想道德文明建设的成果。社会实践是比理论教学更直观、更具有教学效果教育方式，所以，在授课方式上要改变以往的传统方式，鼓励大学生走出校园、走进社会、贴近生活，让大学生在实践中自行思考什么是道德文明，什么是礼仪修养。

（二）加强心理教育

当代大学生由于学业的压力、就业压力心理状态起伏波动较大，如果高校不加强心理教育，大学生心理健康状况就会有下滑趋势，高校加强心理教育迫在眉睫。

（三）塑造大学生的思想道德与礼仪修养

思想道德修养最重要的是让学生去具体实行，社会与高校采取的任何培养方式最终还是需要大学生去认可、去实践。首先，大学生要学会自行思考、对于社会中思想道德缺失的现象进行思考与反思。其次，要自觉学习，学会用辩证的、全面的眼光看待问题，不要随波逐流。最后，对于正确的思想道德与礼仪修养要自觉遵守和坚持执行，用自己正确的言行影响他人，充分体现出当代大学生的素质，真正地展示出我国大学生的风采。

总之，高校要结合各方面的力量全面培养大学生的思想道德与礼仪修养，在实际教学中，要深入探究更有效的教学模式，为大学生思想道德建设工作顺利进行做好准备、为我国综合素质的提升作出努力、为国家培养高素质人才、为实现"中国梦"贡献一份力量。

第五章　思想政治教育

第一节　思想政治教育在人文素质教育中的关键作用

随着我国现代化建设的步伐加快，国家各个领域的发展势头迅猛，所需的人才数量也在持续增加，作为培养高等专业技术人才的摇篮，各类高等院校担负着为国家输送高层次、高能力、高素质人才的重任，压力之大是可想而知的。尤其是思想政治理论课程，对学生的知识、能力、情感、思维、意志、理念等方面都具有较强的教育、引导、促进作用，对人才的人文素质水平提升起到重要作用，所以思想政治理论课程的教学就更加值得重视了。

人文素质教育，就是传播人类优秀的文化研究成果，主要通过课堂知识的传授、外界环境的影响、综合实践活动的开展等多方面进行，目的是让受教育者形成健康的人格，形成出众的气质，形成良好的修养，并使之成为一个人内在的品质。说得再直白一点，就是要让受教育者学会做人、学会做事、学会和他人和谐相处。思想政治理论课是在高等院校中普遍开展教育教学的一门学科，也是对学生进行思想政治教育的主要途径，在思想政治理论课教学中渗透人文素质教育，不仅关系到学科教学的发展，关系到学生素质的提高，更关系到国家的社会主义建设事业能否和谐、平稳进行，关系到社会建设事业的发展速度。

一、在思想政治理论课堂教学中渗透人文素质教育

当前中国处于经济快速发展的时期，发展速度之快、发展水平之高、发展成就之大令世界刮目。在中国经济水平不断提升的荣耀光环之下，也存在着一定的不足之处，那就是精神文明建设发展的步伐不能跟上物质文明建设发展的步伐，导致了公民人文素质水平偏低的现象，比如社会公德意识淡漠，诚信缺失，语言、行为不文明、不雅观，道德水平有待提高，等，这些现象对我国的良好形象造成了损害，对我国的和谐社会造成了影响。大学生是国家的未来、是国家的希望，必须不断加大思想政治教育的力度、加大人文素质教育的力度，保证学生良好道德素养的形成。加大马列主义、毛泽东思想和中国特色社会主义理论的教育教学力度，加大思想品德课程的教育教学力度，把人文素质教育加入课堂教学内容之中，重点突出教育的育人功能，对学生的成长起到积极的导向作用。例如，积极探究思想政治理论课程内容中同人文素质教育有关联的知识点，并深挖其教育意义，将之

深入贯彻到日常教学工作中，保证学生能够形成健康的人格等。

二、在思想政治主题环境创设中渗透人文素质教育

人可以创造环境、改造环境，环境同样也可以反过来改造人。在思想政治理论课程教学中，想要为学生创设可以健康、良好发展人文素质的环境，首要条件就是教师素质水平的提升。教师是对学生进行人文素质教育的主要群体，教师的业务素养、教学能力、谈吐言行、处世态度、办事风格、思想品质都直接影响到学生个人素质的培养，学生时时、处处都在以教师作为模仿和学习的榜样。所以，作为一名思想政治理论课程教师必须不断学习，不断提高自身的综合素质能力，注意自身的语言行为文明，注重自身的道德品质建设，时刻严格要求自己，为学生树立起一个可供学习的光辉榜样形象。其次，教师还应当为学生创设良好的学习环境，例如在班级内、校园内、宿舍内、楼道内设置宣传栏、文化栏、板报栏、读书角等，以班级文化、楼道文化、校园文化、宿舍文化、餐厅文化的形式大力弘扬社会主义精神文明、弘扬人文素质精神、弘扬爱国敬业精神、弘扬文明守纪精神、弘扬社会主义核心价值观，对学生形成时时、处处的影响和教育，保证在潜移默化间对学生进行人文素质教育，实现润物细无声的良好效果。

三、在思想政治主题实践活动中渗透人文素质教育

仅仅凭借理论教学，是不足以保证学生形成良好的人文素质水平的，也不足以保证学生接受到更加深入的人文素质教育，还必须将综合实践活动融入思想政治理论课程教育教学中来，促进学生正确世界观、人生观、价值观的养成。例如在课堂教学中，可以组织学生观看以人文素质教育为主题的影片，进行弘扬社会主义核心价值观的主题演讲，进行对社会行为的辩论和研讨等；在校园活动中，可以组织校园志愿者服务活动，向学生宣传人文素质教育的重要性，如"向校园不文明行为说不"的主题活动；社会活动形式，则可以在清明节、国庆节等重大节日举办主题活动，进行爱国主义教育，在重阳节、母亲节组织以尊老敬老、奉献、感恩为主题的实践活动等。这些主题实践活动可以让学生更加深入地感受社会、体验生活，从而保证学生受到更好的人文素质教育。

总而言之，在思想政治理论课程中渗透人文素质教育，可以帮助学生提高思想政治理论课程的学习效果，帮助学生形成良好的思想品质和健康向上的生活态度，帮助学生形成正确的世界观、人生观和价值观，帮助学生形成良好的人格，对学生的成长、发展、成才具有积极而重要的作用。因此，在思想政治理论课程教学中充分渗透人文素质教育，将是我们今后工作的重要发展方向。

四、人文素质教育在思想政治理论课上应用的分析

思想政治理论课不能一直讲理论，学生也无法接受那种无趣的、一味讲理论的教学。在教学上必须加入人文素质教育，教师应该在思想政治理论课上注入丰富的人文知识，增强理论的说服力，更易让学生吸收和理解掌握。

（1）在高校思想政治理论课上，一般都有国家规定教材。国家规定教材上蕴含着丰富的人文知识，如《中国近代史纲要》讲述了近代我国人民不屈不挠、顽强抵御列强入侵，推翻封建主义帝制，争取民族独立的一段历史，用中国人民坚强不屈、抵御外敌、争取独立的史实教育学生。《毛泽东思想和中国特色社会主义理论体系概论》则讲述了毛泽东、邓小平、江泽民、胡锦涛、习近平等中国共产党人是如何探索马克思主义原理并运用于中国现实之中，开创出中国特色社会主义道路的。这里面包含着历史学、政治学、哲学等，阐述了毛泽东思想和中国特色社会主义理论体系的理论原理。由此可见，思想政治理论课的内容蕴藏着人文素质教育的大部分的知识，如历史学、政治学、哲学、教育学、心理学、法学等方面的知识。再具体说明：《中国近代史纲要》中从标志着中国近代史开始的鸦片战争到社会主义现代化建设新时期的这段历史则能明显体现出历史学的应用，而《毛泽东思想和中国特色社会主义理论体系概论》中共产党是如何实现马克思主义中国化的和第九章"建设中国特色社会主义政治"则明显体现出政治学的应用；《思想道德修养与法律基础》中第五章和第六章中讲述到的学习法律体系、法制理念等法律知识，则明显体现出法学的应用；马克思主义基本原理概论》中主要讲述的马克思主义哲学（如如何认识世界、意识的存在等）则明显是哲学的应用。

（2）在高校思想政治理论课中不仅在教材的设计上体现着人文素质教育的应用，还应该体现在教师的教学方式上。但是有学者认为高校思想政治理论课是学习政治理论知识的，与人文素质教育没有太大关系，如果思想政治理论课还要兼顾人文素质教育肯定会削弱思政理论教学，严重影响大学思想政治理论的学习。这种观点过分扩大了两者的区别，忽略了两者的联系。一般的思想政治理论课的教学方法有"讲授法""自主学习法""讨论法""合作交流法"等形式。在平常教师最常用的讲授法中，教师更要注重注入人文素质的应用，如果教师在一节课上只是单纯地阐述理论知识，这无疑就像一杯白开水，学生难以接受这种无趣的课程，无法吸引学生的兴趣，更不用说能学习到多少思想政治理论课的知识。如《思想道德修养与法律基础》中的第一章"追求远大理想，坚定崇高信念"中讲述到理想信念的含义和重要意义，这方面的知识的学习需要加入典型的案例，这里简要举一个案例说明：张立勇，高二时辍学去清华大学饭堂打工，他住在清华大学里面一处四平方米的小房子里，每天早上4点多起床，开始自学英语，将不工作的剩余时间都用于学习。在小房子里的床头用毛笔写着清华大学校训"行胜于言"四个大字，以告诫自己要认真学习，张立勇几乎把所有的时间都用在学英语上，自学十年，获得了国家英语四六级考

试的证书，参加托福考试取得了 630 分的高分，不久后获得北京大学本科文凭，正是他的理想信念支撑着他十年如一日的学习。这一个简单的案例的应用使课本上的"理想信念"的理论知识更加有说服力，学生更容易理解掌握。在思想政治理论课教学中，案例是教师授课方式的重要工具，教学案例的特色直接影响到思想政治理论课教学效果，特色的案例可以增强教师授课的权威性和感染力，使学生更容易掌握晦涩难懂的原理。所以教师在思想政治理论课的案例的应用中也必须要加入适当的人文素质教育的应用。

（3）人文素质教育在大学思想政治理论课中的应用还体现在教学设计上，教师进行教学设计（如设计教案）中，也有人文素质教育的应用；一般教材上的原理、知识点都可以对应相应的人文资源进行进一步的阐述说明。

随着高校思想政治理论课的不断改革和创新，人文素质教育在高校思想政治理论课的应用也越来越广泛。在教学上而言，不管是教材的设定还是教师的讲授中，如果思想政治理论课教学的内容脱离了丰富、生动、易懂的人文科学知识的应用，那些晦涩难懂的原理知识就会变得空洞、无趣、乏味，对学生毫无吸引力和感染力，从而使得思政理论课的教学只是空洞的说教，达不到理想的教学效果。因此，对大学生进行思想政治理论课教育，除了灌输政治理论外，还要不断丰富人文知识，注入更多人文素质教育的应用。

第二节　遵循社会主义核心价值观，建构新型思想政治教育体系

当代大学生是未来社会发展的中坚力量，其核心价值观的构建和社会道德品质的培养无论是对自身发展还是社会进步都有着积极的意义。我国在社会经济发展的过程中暴露出了种种不利于和谐社会发展的问题，为了很好解决此类问题，扭转社会风气，弘扬社会正能量，必须要对当代大学生进行社会主义核心价值观的思想政治教育工作。通过思想教育，一方面帮助大学生建立正确的社会价值取向；另一方面帮助其提高自身素质，注重社会道德品质的培养。双管齐下使得当代大学生具有推动社会主义和谐社会构建的巨大潜力。本节就遵循社会主义核心价值观，构建新型思想政治教育内容体系展开探讨，其目的就是要明确思想政治教育的重点，完善教育内容，帮助教育实践。

社会主义核心价值观是构建社会主义和谐社会的重要内容，而作为未来国家发展的接班人，当代大学生必须要能正确地践行社会主义核心价值观，社会主义和谐社会的构建才能够更快实现。为了帮助大学生建立社会主义核心价值观，在现在的高校教学中，新型思想政治教育工作必须受到重视，一方面是通过思想政治教育，可以帮助学生们建立正确的价值取向；另一方面是通过思想政治教育，学生们可以更加深刻地认识到价值观对自身价值的重要意义，通过思想上的深化认识，学生们会更加清晰地了解社会主义和谐社会的含义，进而促进自身思想观念的更新及社会道德品质的培养。

一、强化富强、民主、文明、和谐以引领大学生的思想意识

（一）必要性

在现代化高校思想政治教育中必须要强化富强、民主、文明、和谐，并以此来引领大学生的思想意识。之所以要强调大学生思想意识的引领，是因为在目前的社会中，种种不利于大学生的思想意识正在悄然蔓延，主要表现在三个方面：首先是黄赌毒对大学生的思想意识造成了严重的侵害。由于现在信息渠道的空前发达，网络上各种不健康的资讯正在慢慢地侵蚀大学生的思想，凶杀、暴力、色情等充斥网络，使得大学生在网络环境中深受其害。其次是社会不和谐现象使得大学生的思想意识处于一个非常不利的环境中。从目前的社会情况来看，种种不文明、不和谐的现象随处可见，大学生受其影响非常严重。最后是人际利益关系使得的学生的思想逐渐被利益化。西方资本主义思想的进入使得我国的思想环境更为多样，在这样的环境中，核心价值观不明确的大学生很容易产生思想意识的混乱。

（二）积极意义

引领大学生的思想意识对大学生而言具有积极意义，主要体现在三方面。首先是有利于大学生自我价值的认清。大学阶段是大学生建立自我价值观的关键性阶段，也是进入社会的过渡时期，在这个时期进行核心价值观的思想政治教育工作，可以帮助学生认清自身的价值所在，无论是对其学习，还是对其以后在社会的发展都具有重要的作用。其次是思想意识的引领有利于大学生摆脱思想迷茫的环境。在多样化的思想意识冲击下，大学生受其影响很容易发生思想意识混乱的现象，进行思想政治教育工作可以使学生深刻认识到富强、民主、文明、和谐等社会主义核心价值观的思想内涵，使其思想意识具有方向性。最后是进行思想引领有利于加深学生对社会主义核心价值观的理解。核心价值观作为一种价值观念，其抽象性使得学生无法深刻理解，通过思想政治教育工作的引领，使学生们更加深刻地认识到价值观的核心内涵，这对于其思想意识的帮助非常巨大。

（三）教育对策

在大学生思想教育政治工作中，要想强化富强、民主、文明、和谐，并以此来引领大学生的思想意识，必须要从三方面来进行：首先是学校方面必须要重视思想意识引领的教育工作，在学校内通过各种活动体现出思想内涵，使学生们时时刻刻能够感受到思想引领的氛围。换句话说就是学校要营造良好的思想环境氛围来进行对学生思想意识的熏陶。其次就是从老师的教学来看，思想政治教育工作不能局限于课堂，而要增加更多的实践内容，通过实践使得学生们亲身感受核心价值观所体现的思想内涵，从而加深价值观在学生们心理上的烙印。最后就是从学生角度来看，学生要积极配合学校的活动开展和老师的实践教学，在活动和实践中践行社会主义核心价值观念。

二、强化自由、平等、公正、法治以凝聚大学生的意志倾向

（一）必要性

意志倾向对于大学生来讲具有非常重要的作用，因为意志可以帮助大学生战胜困难、迎接挑战、走向更为辉煌的明天，但是就目前的情形来看，大学生的意志普遍比较薄弱，在压力和挑战面前不具有该有的韧性。目前社会法制建设依然不完善，社会公平存在着问题，虽然法制建设需要一个过程，社会公平也在进一步完善，但是这些现象依然存在。当代的大学生基于这种社会现状，对社会主义核心价值观的肯定程度不高，这就导致大学生的意志倾向在凝聚方面存在问题。

（二）积极意义

凝聚大学生的意志倾向，具有两方面的积极意义。首先是对于大学生群体而言，有利于统一其对社会问题的看法。在意志倾向不凝聚的情况下，大学生对待问题的看法往往会产生分歧，而且这种分歧如果没有凝聚的意志倾向就无法得到很好的调解，得不到调解的分歧在经过酝酿后往往会形成大的矛盾，这种情况非常不利于和谐社会的构建。其次是凝聚大学生的意志倾向，更加有利于在未来社会建设中进行统一的指导。未来的社会建设必然是当代大学生实现自我价值的主战场，在实现自我价值的过程中，有凝聚的意志倾向，也就具备了统一的目标基础，这样的基础对于社会建设来讲具有积极的促进作用。

（三）教育对策

为了在目前的大学生思想政治教育工作中强化自由、平等、公正、法治，以此来凝聚大学生的意志倾向，必须要做好两方面的工作：首先是要深刻分析社会主义核心价值观内涵中对于意志倾向塑造的精化内容，通过对内容核心的解读，深入了解意志倾向的重要性，从而在教学工作中能够认真贯彻价值核心，使学生们的意志倾向越来越凝聚。其次就是在凝聚意志倾向的教学中，一方面要突出社会法制建设和公平机制建设的阶段性，加强学生们对于社会法制和公平的信心；另一方面还要做好社会自由和平等问题的解答，通过问题解答使学生们对于现在的社会环境的发展保持正确的态度。在公平、法制、自由、平等等问题都能够得到解决的基础上，大学生们的意志倾向将会空前凝聚，其未来的目标方向也会更加清晰。

三、强化爱国、敬业、诚信、友善以规范大学生的品德操行

（一）必要性

随着我国改革开饭的不断深入，外国思想的渗透十分的严重，在这样的环境中，不少当代的大学生丢失自身的传统，去融入他国环境。在民族众多的世界中，我国要想获得根

本性发展，传统文化应该受到重点的保护和传承。从外部环境而言，我国要以文化为本来发展自己，使自己的文化传统在经济社会能够独立于世界，因为文化独立乃是民族独立的一种象征。从内部环境而言，丢失传统的大部分国人对人缺少友善的态度，缺少诚信的根本，对工作缺少热情，对国家也缺少一份爱护。在这样的社会大环境中，必须要依靠国家未来的主人，也就是当代大学生来进行社会道德风气的扭转。"人无信不立"这是老祖宗留下的传统，所以在当代大学生思想政治教育工作中，要以诚信为本，以友善、敬业为重要支持，以爱国为根本方向来规范大学生的品德操行。

（二）积极意义

规范大学生品德操行在当代大学生的思想政治教育中具有极其重要的作用，主要起到两方面的积极作用：首先是道德操行的规范可以帮助大学生建立和完善自身品质，使大学生在传统道德的熏陶下建立以诚信为本的道德准则，在这样的道德准则之上，大学生可以进行友善、敬业等其他方面的操行建设，从根本意义上而言，大学生的道德操行规范，一方面是规范自身行为；另一方面是规范社会关系。其次就是以爱国为根本方向的操行规范，可以使大学生的爱国行为更加理智。爱国如果在没有道德约束的情况下，往往会适得其反，而在有了道德规范下的爱国行为，其表现会更加文明，更加和谐。

（三）教育对策

在以爱国为根本方向的道德操行规范教育中，主要要做好两方面的工作。首先是在教学中，老师要深刻灌输理性爱国的概念。因为在目前的社会中，部分人打着爱国的旗号，伤害的却是国人同胞，所以爱国一定要理性，切不可盲目。其次是在操行规范中，要以"诚信"为根本。大学生是未来社会的建设者，其自身品行与为人准则对未来发展会产生深远的影响，所以在进行道德操行的规范中，必须要强调诚信的力量，使学生树立诚信为本、友善待人、敬业工作、理性爱国的道德传统。

四、强化社会主义核心价值观整体导向，构建新型大学生思想政治教育内容体系

（一）价值取向建设

在社会主义核心价值观整体导向的强化和新型大学生思想政治教育内容体系的建设中，价值取向的建设必须排在第一位。价值取向的建设主要包括两方面的工作：首先是价值引导。也就是说在大学生思想政治教育工作中，教师要充分分析学生们的价值取向，做好社会主义核心价值观的价值引导。其次就是在教学在工作中，价值取向的重要性教学也要同时进行。因为学生只有在明确了价值取向的重要性后才会进行价值的选择。

（二）社会道德品质培养

社会道德品质培养也是社会主义核心价值观整体导向强化和新型大学生思想政治教育内容体系建设的重要内容。在道德品质的培养中，必须要做好两项工作。首先是要让学生明确什么是社会道德品质，要让学生深刻了解社会道德品质的重要性。当代大学生作为未来社会的主体，必须要具备社会道德，未来的社会才能够向更加文明和和谐的方向发展。其次就是要明确培养道德品质的内容。"人无信则不立"这是社会道德品质的根本，在此根本基础上，还要进行爱国、敬业、待人等方面的道德培养，使学生们的道德品质综合发展。

（三）社会责任感的建立

社会责任感的建设也是社会主义核心价值观整体导向强化和新型大学生思想政治教育内容体系建设的重要内容。在大学生思想政治教育的过程中，必须要让学生们了解到社会责任感的重要性。在社会实践中，只有敢于背负社会责任的人才会具有更大的社会价值，而当代大学生未来要投入到社会建设中，每个人的身上都会背负或大或小的社会责任，勇于承担责任这就是一种价值体现。

当代大学生是我国未来社会发展的基础，大学生的价值取向和社会道德品质直接决定着未来社会的发展方向和发展程度。在国家大力提倡社会主义和谐社会建设的主旋律下，当代的高校必须要做好关于大学生社会主义核心价值观的思想政治教育工作，在帮助大学生建立价值观的同时，也为社会和谐的构建添砖加瓦。

第三节　思想政治教育的原则

思想政治教育原则是人们在思想政治教育实践过程中不断总结的行为准则。本节对思想政治教育原则的概念进行了界定以及对其产生的依据进行了详细阐述，并提出坚持思想政治教育原则的有效措施。

一、思想政治教育原则的含义及主要内容

思想政治教育原则是反映思想政治教育的客观规律，是人们在思想政治教育实践中总结经验的基础上而制定的思想政治教育活动的行为准则。思想政治教育原则是由多层次原则相互联系，具体原则种类繁多，难以尽述。在这里，主要探讨那些贯穿于思想政治教育的全过程，在教育环节的各个阶段，教育活动中的每一方面都起主导作用的主要原则。

（一）思想政治教育的指引航标：方向原则

方向原则，是指全部的思想政治教育活动都要始终与社会发展的要求相一致，坚持正确的政治方向不能动摇，这一原则反映了思想政治教育活动中基本矛盾与思想政治教育中

的基本规律，是思想政治教育的根本原则。

（二）思想政治教育的科学态度：求实原则

求实原则，是指思想政治教育始终要坚持一切从实际出发、理论联系实际、事实就是的思想路线和原则。实事求是，是中国共产党一贯倡导的将理论与实践相结合的科学态度和作风，也是思想政治教育的一项根本原则，它体现了马克思列宁主义、毛泽东思想、邓小平理论的精髓。

（三）思想政治教育的优良作风：民主原则

民主原则，是指在思想政治教育活动中应该体现和落实人民是国家的主人这一社会主义制度的本质特征，应该在思想政治教育中发扬民主精神，坚持民主作风和民主方法。

（四）坚持社会化与个性化有机结合原则

1. 现实的人是社会化与个性化的有机统一

对于个人而言，社会化是指个体通过主动参与各种社会活动，自觉融入社会物质生活、精神生活、政治生活，进而习得各个领域的生活经验和技能，自觉遵守各种社会规范，成为一个合格的社会人，从而使自己得到发展的过程。马克思主义认为，人在本质上是一切社会关系的总和。换言之，未经社会化，人不可能成为真正意义上的人。对于社会而言，所谓社会化就是使人学会团结协作，使之以有利于社会发展的正常方式参与实践活动。可见，对于个人及社会的存在与发展而言，人的社会化至关重要。社会是由人构成的，但这里的人并非指生物性的自然人，而是社会化了的人。在一个社会里，只有大家齐心协力、共同践履社会核心价值观念和道德法律规范之时，这个社会才能够和谐发展。社会化要求现实的个人坚持完善自身与贡献社会相统一，这不仅能够满足个人生存发展的需求，而且能够满足社会存在发展的需要。

而现实的人又是具有主体性和独特性的，是一种个性化的存在。若失去个性，人的存在就缺失了现实性。所谓个性化，即是个性的形成发展过程，是现实的人逐渐形成并发展自己独特品质与行为的过程。从现实的人及社会的发展来看，个性化意义重大。马克思指出："表现为生产和财富宏大基石的……是社会个人的发展。"这主要表现在：首先，个性化是个人存在发展的必要前提。在社会实践中，人充分培育和发挥其自主能动性及创造性，既将自由自觉的人类活动与动物的本能活动区分开来，也将现实的人区分开来。其次，个性化是社会发展的必然要求。马克思指出："人们的社会历史始终只是他们的个体发展的历史。"在创造社会财富的对象化活动中，现实的人富有积极性、主动性和创造性，呈现为个性化的存在。个性化为社会发展创造着物质基础，推动着社会的文明与进步。再次，个性化是生产力发展的重要尺度。个性化的价值在生产力发展中尤其体现在个人能力发展和社会分工发展的互相促进关系之中。一方面，社会分工促使个人能力不断提高；另一方面，个人能力的不断提升又反过来助推社会分工更加细化。简言之，个性的充分发展是巨大的生产力。

现实的人是社会化与个性化的有机结合。在人的对象化实践中，社会化与个性化相辅相成。首先，如果缺失个性化，所有的人就会变成无差别的复制品。在马克思主义那里，这样的人被称为抽象的人，在现实生活中根本不存在。因此，人的社会化是个性化了的社会化，离开个性化就不是真正意义上的社会化。其次，个性化依赖于社会化，社会化是个性化的现实前提和保障。社会属性是人的本质属性。人在社会生活中形成并发展多彩的个性，社会化对个性化起着制约和引导作用，它扬弃个性中与社会发展不吻合的成分，引领个性向着社会所倡导的方向发展。再次，社会化与个性化互相促进。马克思明确指出，社会生活在本质上就是实践。正是在实践中人的个性得到日益丰富，人的社会化程度也日益提升。因此，现实的人的实践活动，实质上即是社会化与个性化互相推动的过程。

2. 坚持社会化与个性化有机结合需注意的问题

近年来，个性化教育越来越成为世界教育的基本主题与核心价值之一。在实践中，思想政治教育要做到社会化与个性化有机结合还需要注意下列问题：

第一，旗帜鲜明地反对极端个人主义。极端个人主义"把个人从社会中剥离出来，使他成为周围事物和他自己的唯一的评判者……而没有向他指出他的责任"。极端个人主义否认社会和他人的价值，否认个人必须依赖集体和社会，表现为极端利己主义和狭隘功利主义，从而使个性发展受到扭曲并被削弱，走上畸形发展之路。极端个人主义危害极大，我们应该坚决反对。思想政治教育在促进个性发展中，要努力消除极端个人主义倾向，全面发挥塑造作用、导向作用和激励作用；不仅要强化良好个性，而且要采取措施预防并改造消极个性。

第二，鼓励个性发展并非纵容个性绝对自由。个性发展与自由发展是有关联的。一谈到个性发展，有的人就主观地认为这是提倡自由主义，提倡随心所欲、无拘无束，允许由着人的本能冲动与生理需要一意孤行，甚至可以将道德和法律抛至脑后。其实，这是一种个性绝对自由观，它与马克思主义的健康个性观迥然不同。个性有良莠之分，我们倡导个性健康发展绝不会容许不良个性为所欲为、恶性膨胀，而是要努力在科学理性的前提下，克服不良因素，使个性发展逐步完善。

第三，个性发展需要突出权利与义务的统一。一方面，个性意味着选择，选择则意味着权利。个性与权利相关联，是人各种权利中非常重要的一种，是人享有其他权利的前提。一个在奴隶主眼中只是会说话的工具的毫无个性自由的奴隶，根本谈不上享有平等、自由、民主等权利。另一方面，个性意味着选择，选择意味着承担责任。人生而自由又无往不在枷锁中。实质上，真正的个性发展绝非只是追求个人权利，责任与权利是一体两面、密不可分的，人还需承担相应的义务。一个具有良好个性的人，在行动时一定能意识到自己行为的必然性与义务性。思想政治教育要使教育对象认识到个性发展是权利与义务的统一，是个人利益与集体利益的结合。

（五）坚持全面发展与个性发展有机结合原则

1. 全面发展与个性发展具有内在一致性

在尽力消除传统思想政治教育一味追求共性的弊端，重视受教育者个性发展现实需要的同时，现代思想政治教育又进入了一个误区，忽视了全面发展——人的发展的最高目标的引领作用。比如，有的人在思想上认为个性发展与全面发展是对立的，在实践中则把片面发展当成了个性发展。这样导致的结果是，全面发展不完善，个性发展也不充分。近年来发生的、引起全社会广泛关注的"药家鑫开车撞人杀人案""复旦大学研究生投毒案"等，引发了人们对教育对象发展现状的忧虑。

全面发展与片面发展相对。马克思认为，全面发展是"人以一种全面的方式……占有自己的全面的本质"。全面发展就是人的各种素质和能力都得到充分而自由的发展，包括人的实践活动、社会交往、需要、潜能等的全面发展，人的各种素质的普遍提升和个性的充分发展。全面发展作为马克思主义的最高理想，是中华人民共和国成立以来我们教育发展的根本目标。

个性发展与共性发展相对。个性发展主要表现为个人优势特征的充分发挥，是个体在社会生活中充分发挥自身潜能，充分发挥自主性和创造性，并根据自身兴趣、特长等充分开发自己的独特优势；在这一过程中，优良个性品质逐渐形成并不断强化，消极个性品质得到及时矫正和克服。个性发展是内化与外化的统一、过程性与阶段性的统一、个体性与社会性的统一。在崇尚并追求个性健康发展的氛围里，每个人都因其高尚的人格、创新的素质、丰富的能力、积极的形象而成为独一无二的存在。社会因而富有创造力，充满生机与活力。

通过深入分析全面发展与个性发展的内涵可以看出，二者具有内在一致性。首先，全面发展是个性发展的前提和基础。如果缺乏基本素质，个性发展则会如无本之木、无水之鱼，导致片面甚至畸形发展，最终丧失生命力。其次，个性发展是全面发展的永恒动力。"个人的全面发展，只有到了外部世界对个人才能的实际发展所起的推动作用为个人本身所驾驭的时候，才不是理想、职责等"。因此，人的全面发展是一个长期的远大理想，绝非一朝一夕可以实现，对"自由个性"的不懈追求，必将是全面发展的不竭动力之源。只有进入生产力高度发达的共产主义社会，全面发展的目标才会变成现实，这也正是"自由个性"实现之时。"自由个性"是人的发展的最高形态。再次，全面发展的核心是个性发展。如果"全面"意味着方方面面，那么一切方面的高水准发展则不可能。创新是一个民族进步的灵魂，社会的发展进步关键在于创新。而个性发展越充分，人的自主性、创新性就越鲜明。创新性思维总是与个性相伴而生，没有个性就没有创新性。陈志尚认为："个性是教育的灵魂，个性发展是全面发展的核心。"

2. 坚持全面发展与个性发展相结合需采取的措施

在教育活动中，遵循全面发展与个性发展相统一，需要做到如下两个方面：第一，要引导教育对象自觉遵循全面发展的基本规定，积极完善优良的个性，从而使个性发展与社会主义核心价值观的要求相吻合。第二，要采取有力措施鼓励受教育者充分发展其优良个性，全面释放有利于其成长发展的动力、潜能与活力；尤其要突出创新精神与创新能力的培育，从而为中国特色社会主义建设源源不断地输送大批创新型人才。总之，只有将全面发展与个性发展相结合，才能形成"全面要求、尊重差异、鼓励个性、和谐发展"的人才培养新局面。

（六）教育与自我教育有机结合原则

1. 教育与自我教育相结合是提高思想政治教育实效性的内在需求

自我教育是指作为双主体之一的受教育者，主动按照外在教育要求，自觉理性地思考自身精神实际和道德现状，厘清现实自我与理想自我的差距，进而坚定信念，自觉践行社会主义核心价值观，并通过自我认知、体验、监督、评价、调控等一系列过程，逐步形成与社会要求相符合的综合素质的过程。在教育实践中，做到教育与自我教育有机结合，就是要充分发挥教育者和受教育者双主体的作用，不仅要一如既往地发挥教育者的主导作用，而且要充分鼓励受教育者发挥主体能动作用，从而切实提高思想政治教育的实效性。

在思想政治教育中，学校、社会、家庭教育是提高思想道德素质的外因，自我教育是内因。事物的发展变化是外因、内因共同发挥作用的结果。因此，教育与自我教育相辅相成、不可或缺。其一，教育者的教育活动为思想政治教育提供良好的外部条件，是自我教育的起点和动力，决定着自我教育的导向和氛围。在教育氛围浓厚的环境里，人们自我教育的自主性、能动性会很强；反之，在教育氛围淡弱的环境里，自我教育的价值也微不足道。其二，自我教育是实现思想政治教育目标的关键，教育只是外因，绝不可能取代受教育者自身的认识和内化、实践与外化活动。我国古人提倡的"三省吾身""见贤思齐"等就是提高个人品德的好方法。今天，随着受教育者主体性的增强和个性的发展丰富，自我教育的功能显得更加重要。在《学会生存》一书中，联合国教科文组织指出："未来的学校必须把教育对象变成自己教育自己的主体。"可见，遵循教育与自我教育有机结合原则，是个性发展背景下提高思想政治教育实效性的内在需求。

2. 坚持教育与自我教育有机结合的实现

在个性发展视域下，教育者与受教育者均需充分发挥自身的主体能动作用。

首先，要充分发挥教育者的引导作用。其一，要坚决防止和反对思想政治教育"自发论"和"取消论"。教育者必须深刻认识到肩负的使命和责任，在思想政治教育活动中掌控话语权，充分发挥主导作用。其二，教育者要全面提高自身素质。教育者的素质要求并非一成不变，而是会根据社会和时代的发展变化而有不同的要求。教育者要先受教育，率先垂范，因为无声的示范引导才是最好的教育。其三，教育者要形成自己的教育个性。在个性发展背景下，教育者要不断提高和完善自身各方面素质，形成教育个性。因为教育者的个性如同一把神奇的钥匙，能够打开受教育者个性发展之门，从而潜移默化地影响受教育者的个性。蔡元培先生曾对教育者殷切寄语：教育者，与其守成法，毋宁尚自然；与其求划一，毋宁展个性。真正的教育者永远是个性鲜明的人。教育者的个性对受教育者所产生的隐性教育力量，润物无声且效果明显，是理论灌输、道德说教和激励措施等都无法比拟的。

其次，要充分发挥受教育者的主体性，培育受教育者积极主动进行自我教育的能力。主体性是个性的本质规定。尊重教育对象的主体地位，是调动和加强受教育者自我教育的前提。教育者要尊重教育对象，千方百计激发教育对象的积极性和主动性，引导受教育者提高自我认知、评价、调控和实践的能力，使之做到"向师性"和"独立性"的有机统一。唯有如此，才能使受教育者在纷繁复杂的社会环境里坚持正确的方向，促进个性健康发展。

二、确立思想政治教育原则的依据

（一）思想政治教育客观规律是思想政治教育原则的理论依据

（1）教育要求与受教育者思想品德发展之间保持适度张力的规律。这一规律主要是指，思想政治教育活动总是处在受教育者的思想品德现在是怎么样的与社会希望它怎么样的矛盾运动中，教育者所提出的教育要求要适当超越受教育者当前的思想品德基础，有可发展的空间，这一超越又不能高到受教育者经过一定的努力也难以达到的一个高度。这就要求教育者要坚持求实原则，促使这一矛盾的解决，以提升思想政治教育中受教育者的思想水平。

（2）教育与自我教育相统一的规律。教育者与受教育者是思想政治教育过程中的两个基本因素，在某种意义上来说，二者相互影响、相互作用就构成了思想政治教育过程。教育者是一定社会的表达者和行为者，也是计划者和组织者，更是主导者。受教育者是主体又是客体。在进行思想政治教育过程中，应充分发挥受教育者的主观能动性，教育者应坚持民主原则。

（二）党的路线、方针、政策是思想政治教育原则的方向依据

思想政治教育属于意识形态范畴，具有鲜明的政治性，它被一定的经济、政治所决定，又为一定的经济、政治服务。因此，思想政治教育必须为实现党的路线、方针和政策服务，思想政治教育原则的确立，必须以党的路线、方针和政策为现实依据。党的根本宗旨是全心全意为人民服务，这反映了我国社会发展的根本要求。

思想政治教育原则就是根据思想政治教育实践中的所要解决的矛盾，与思想政治教育的知道理论即客观规律而制定出来的。

三、确立思想政治教育原则的重要性

（一）确立思想政治教育原则是思想政治教育规律发生作用的需要

人们在认识客观规律的前提下，之所以还要制定和遵守这样或那样的原则，是因为任

何规则总是在一定条件、一定范围内起作用，具体条件不同，规律的作用也有所不同，认识规律是一回事，实际运用规律又是另一回事。在运用规律时，人们必须考虑到与规律有关的各个方面因素的影响，而制定和遵守必要的原则。思想政治教育则反映了思想政治教育的客观规律，并根据教育内容和教育对象的具体情况，对教育者的活动形成约束，从而保证整个思想政治教育活动按照客观规律进行，促进教育目标的实现。

（二）确立思想政治教育原则是增强党的思想政治教育实效性的需要

思想政治教育的各项原则，是从我党长期进行的思想政治教育实践经验中归纳和提炼出来的，只有坚持这些原则，才能保持无产阶级思想政治教育的本质特色，才能统一人们的思想行为，增强党的思想政治教育的实效性。思想政治教育原则是我党思想政治教育的优良传统，其正确性、有效性已经得到实践的反复证明，思想政治教育者必须在实践中掌握和运用这些原则。

四、坚持思想政治教育原则的有效途径

要提高贯彻思想政治教育原则的自觉性。作为以培养"四有"新人为己任的思想政治教育，要始终牢记提高和贯彻思想政治教育原则的自觉性这一点。要使思想政治教育者认识到，坚持思想政治教育原则，是有效开展思想政治教育活动的基本保证，因此，在实际的工作中要自觉运用思想政治教育的各个原则，将其精神充分地贯穿在具体的思想政治教育活动中。同时，也要帮助受教育者认识到，坚持贯彻执行思想政治教育原则，有利于个人的全面发展。

五、当前思想政治教育应坚持的基本方式

（一）整合处理理论教学内容

高校的思想政治教育课程，因其内容不丰富、缺乏活力、脱离现实环境而得不到学生的重视，所以在讨论思想政治教育的新方法、新途径时，首先应该在整合教学内容方面做努力。思想政治教育的内容整合处理，应当在课本理论的指导下，结合当代社会热点和重大事件，融合学生的生活环境，就学生关心的问题来调动学生的兴趣和积极性，从而提高学生上课、听课的自觉性，并在教学过程中，不断提高学生的思考能力。同时，思想政治教育的教学内容还应当在教材内容体系上做改变。课本上的教学内容，可以由小案例进行开篇引出，以小故事的趣味性引起学生的讨论，从而在教师的带动引领下，水到渠成地得出政治问题、政治常识、政治理论等相关知识，这样可在一定程度上提高学生的思考能力、团结协作能力、语言表达能力以及辨别是非对错的能力，有利于学生的思想成长。

（二）传统载体与新载体融合发展

随着信息时代的到来，网络媒体技术发展迅速，处处影响和改变着人们的生活。不仅如此，信息网络技术更是成为学生思想政治教育的新方法、新载体、新途径。从传统的书本载体到当代的网络新载体的转变，必须在两者之间进行平衡，取长去短，不断融合创新，实现两者的合理结合使用。只有在传统与新载体的结合使用、融合发展中，才能充分利用资源，顺应环境，最大化地来提高学生思想政治教育工作的水平。例如，利用多媒体技术进行讲课，其中穿插图片、音乐、视频、动画等内容，使得教学课堂生动活泼、富有活力，可吸引学生们的注意力和兴趣，全神贯注地进行学习。还有就是利用学校网站进行思想政治教育，学生可根据实际需要进入学校专门设计的网页，通过案例描述、法律法规条文、政策理论解读等多个方面，进行思想政治方面的学习，这样能够自主地调动学生积极性，有效提高思想政治教育的效率。

（三）综合运用各类教学方法

思想政治教育课程应当综合运用多种教学方法，充分发挥教师和学生的主体功能。讲授式、案例式、情境教学式的教学方法，以教师讲授为主，准确、全面地为学生传授相关知识，引导学生思想的初步形成。讨论、启发、辩论式的教学方法，能够充分发挥学生的主观能动性，在教师的点拨下，学生展开讨论，发挥想象及认真思考，最后由老师总结。在这样的过程，可以不断提高学生的思考能力、总结归纳能力。在思想政治教育中，还可利用演讲比赛、视频制作大赛、宣传片比赛等教学方式，让学生自行组织活动，从确定选题，到编排比赛内容，组织团队合作与协调，最后顺利完成整个比赛，无论是成功还是失败，相信都能对学生有较大的启发。同时，这样的教学方式能够充分锻炼学生的组织能力、整合资料的能力、自主思考的能力和语言表达的能力，对于多方面培养学生有重要作用。

（四）实践载体与途径更加多样

思想政治教育工作，不仅需要融合教学方式、更新教学内容来完成课堂教学任务，还需要设置实践活动来进行辅助。学生在学习课堂知识后，难免会觉得枯燥、乏味，如果没有进一步的知识巩固和印象加深，学生的学习效果会大打折扣。这时通过设置实践活动，可以让学生身临实际情境，接触和感受课堂理论的真实环境，进一步地理解、熟悉、感悟所学知识。例如组织学生参观战争遗址、纪念广场、烈士墓园等，学生亲眼见到烈士先驱们不畏强权、勇敢斗争的昔日场所，由衷发出现在的美好生活需要珍惜、生命的力量如此强大、国家危难匹夫有责等感慨，从而思想上得到升华；组织学生争当交通志愿者、帮助孤寡老人等活动，让学生提高思想道德素质，自觉遵守交通规则，监督他人共同维护交通秩序，利用自身力量帮助他人，获得身心的愉悦，培养道德情怀。

思想政治教育是高校的重要工作之一，在当今时代背景下，高校必须注重转变观念，以人为本，探索研究思想政治教育的新方法、新载体和新途径。在学生的思想政治教育中，高校课堂理论教育要求教师在整合处理教学内容、革新教学方式的前提下，将传统载体和新网络信息载体相结合使用，使其教学内容丰富全面，贴近实际。同时，学生的思想政治教育应理论与实践相结合，在理论知识的指导下，开展实践活动，使学生回归生活，闯出一片新天地。

第四节　思想政治教育应注意的问题

经济社会环境的变化对大学生思想政治教育的发展产生了巨大影响，新形势下大学生思想政治教育面临诸多机遇，大学生思想政治教育的资源更加丰富，优化了大学生学习的过程，丰富了思想政治教育的方式和手段，增强了思想政治教育的实效性，复杂多样的社会关系拓展了思想政治教育的内容。同时，新形势下大学生思想政治教育也面临着严峻的挑战，部分大学生的价值观受到冲击，影响了大学生的生活学习，思想政治教育存在过于侧重理论，内容陈旧，缺少实践机会等问题。

一、新形势下大学生思想政治教育发展环境分析

随着改革开放的不断深入，社会主义市场经济体制的建立及新媒体方式的广泛应用，我国思想政治教育的环境发生了巨大变化。经济环境方面，经济全球化加速在推动我国经济生产力发展的同时，增加了我国经济活动中的不确定因素和消极的国际风险，大学生思想政治教育的外在环境变得更加复杂，受到的关于社会意识形态、政治制度、价值观念类的思想冲击更多、强度更大，经济环境的多样性要求思想政治教育能够与时俱进，及时更新观念，能够帮助学生扩大视野，有效增强大学生的社会责任感，促进其公民意识的觉醒，提高其政治敏感性、参与度和积极性，以保证其能够从容应对意识形态的挑战，合理解决文化冲突。

政治环境方面，世界政治多极化发展格局形成了较为稳定、合理、公平的国际政治新秩序，我国进行了许多有针对性、可持续性、科学的政治性改革，在党的建设、民主制度建设、法律制度建设等方面取得了傲人的成绩，极大地激发了学生的爱国热情和社会责任感，大学生有着强烈的国家崛起和发展的使命感，需要通过思想政治教育进行合理引导。

总体来说，我国正处于社会转型的重要时期，新旧观念、体制、制度处在交替阶段，面临着礼俗社会向法理社会转型，农业社会向现代社会转型，封闭性社会向开发性社会转型，乡村社会向城市社会转型，传统社会向现代社会转型，等，带来的机遇与挑战。这种环境下，社会价值观向多元化发展，社会分层速率加剧，各类社会矛盾凸显，这对大学生思想政治教育的内容、方式、手段和有效性提出了更高的要求。

二、新形势下大学生思想政治教育面临的机遇

知识经济社会及网络信息技术共同构成了时代发展的主题，为大学生思想政治教育的进一步发展提供了机遇。具体表现如下。

（一）大学生思想政治教育的资源更加丰富，优化了大学生学习的过程

信息网络技术的快速发展与普及，实现了信息资源的跨空间和时间的多角度共享，信息获取的渠道更加丰富，移动网络平台的发展完美地实现了教育的全时段性，使教育不再受到有限性常规教育资源的制约。互联网资源的高传递性、共享性使教育资源能够更好地融合发展，思想政治教育的内容和模式在这个基础上，更加符合学生发展需求的实际，辅助性手段的丰富，理论知识的多方延展化，能够有效提升学生的学习热情和关注程度，有利于构建现代化的动态与静态相结合的教育新模式，思想政治教育的可观性及可选择性大大增强。理论知识结构的科学建构与更新，学科知识的融合性发展，教育手段的改进和丰富，优化了大学生学习的过程，有助于实现大学生的自主学习和自我管理，发展思维和批判精神的养成更有利于知识体系的完善。丰富的教育资源能够满足大学生个性化的学习和发展需求，最大程度激发个体的发展潜力，有利于学生交流思想和集体合作能力的培养。

（二）丰富的思想政治教育方式和手段，增强了思想政治教育的实效性

社会经济的发展丰富了思想政治教育的方式和手段，改变了传统的以教育者和教材为中心的灌输式教育模式，多媒体等现代化教育工具的普及应用实现了教育资源的互动和共享，个性化教育得以实现，学生的学习自主性和能动性得以保证，多样化的思想政治教育手段赋予了传统"理论熏陶"式教育模式新的内涵，思想政治教育由单方面的传输向信息知识交互性学习方向发展，思想政治教育的引导性更强，以人为本的教育理念更容易实现。

（三）复杂多样的社会关系，拓展了思想政治教育的内容

传统的思想政治教育内容相对固定和单调，新形势下的思想政治教育内容更加丰富。首先，坚持以理想信念教育为思想政治教育的核心，帮助大学生树立正确的共产主义信仰，坚定对中国特色社会主义的信心；其次，强调以爱国主义为思想政治教育的重点，帮助大学生合理表达对祖国的情感，弘扬民族精神；最后，以素质教育作为思想政治教育的直接目标，健全大学生的人格，促进其自律、自学、好思考、能实践。新的经济社会环境细化丰富了思想政治教育的内容，思想政治教育被具体划分为道德教育、法制教育、心理健康教育、就业和创业教育、感恩教育、集体主义教育等，这些教育内容能够使大学生基础性的价值尊严和荣誉得以合理实现，能够切实保护大学生个人的正当利益。

三、新形势下大学生思想政治教育面临的挑战

（一）部分大学生的价值观受到冲击，影响了大学生的生活和学习

知识经济时代，信息网络技术的普及使高校与社会的距离大大缩小，各类错综复杂的文化性、信息性价值观，充斥在大学生的日常生活学习中，多元性文化和自由性空间，解放了学生的思想，有利于学生理论的实践，但也会使其受到消极价值观念的影响，特别是部分大学生的意识形态防御意识较差，好奇心重，分辨力却不强，不能理性地进行科学的价值判断，最终出现道德失范等现象。值得注意的是，据有关调查显示，我国多数大学生尽管政治信仰很坚定，但是存在认识上的偏差，在多元化、复杂性的社会政治环境影响下，大学生不能清晰地认识政治上的原则性问题，容易对政治问题的立场性和现实性产生怀疑，入党动机的功利性较强，行为上易冲动、不成熟，在特殊环境条件下，容易受到不良价值观念的误导。在价值评价标准上也具有双重性，对自己采用利己主义，却要求别人坚持集体主义，理论认知与实际践行脱节。

（二）思想政治教育过于侧重理论，内容陈旧，缺少实践机会

思想政治教育的目的在于帮助大学生塑造健全的人格，以促进其个人的发展。但是，在部分学校思想政治教育的课程性被夸大，完全以理论学习的形式进行，在一定程度上能够激发学生的上进心，使其端正学习态度，积极进取，但是无法实现道德教育、法制教育等内容的有效传输。特别是由于缺乏与思想政治教育相适应的实践活动，理论和实践难以协调沟通，社会服务与素质教育、思想政治教育无法统一于实践，思想政治教育的指导性价值实际上并没有发挥。

（三）激烈的社会竞争引起了大学生关于就业和创业方面的心理问题

在相对单纯的校园环境中，大学生的心理状况可以保持在较为良好的水平，一般可以满足校园到社会的转变性过渡。但是，社会经济发展的高竞争性、强压力性，使过渡时间压缩在一个相对危险的水平，学习压力、就业环境、毕业答辩等问题，使大学生应对挫折和困难的心理承受能力大大降低，思想政治教育中心理健康教育的内容难以得到保证。

（四）思想政治教育的传统方法难以应对，思想政治教育者权威地位被弱化

新的社会经济环境，强化了大学生的主体性意识，形成了双向、多向的平等交流式思维习惯，教育内容、形式及手段的民主自由性需求大大增加，学生对知识的获取与认知更倾向于自我独立性选择和利用，教育者失去了信息资源与技术的绝对性优势，教育者如果不能满足学生对知识的渴求，其权威性就难以得到保证。

四、思想政治教育制度化应注意的问题

随着制度经济学的兴起，尤其是新制度经济学的强大，"制度"成为一个越来越流行的概念。自 20 世纪 90 年代以来，"制度"俨然已经成为我国学术研究中的一个重要视角和领域，研究成果层出不穷，制度与其他学科之间的交叉研究也逐渐深入。思想政治教育学科也不例外。制度与思想政治教育目的上的同质性，为思想政治教育制度化的研究提供了客观前提；与思想政治教育相比所具有的特殊性也成为克服思想政治教育在一定程度上的软弱性的特有优势，这种差异性与互补性构成了思想政治教育制度化可能性的重要保障。依托制度化建设推进思想政治教育的科学化进程和实效性的提高无疑成为新时期思想政治教育发展的有益探索和重要突破口。但制度的局限性以及制度化建设的关联性也是我们在推进思想政治教育制度化进程中不容忽视的问题，直接关乎思想政治教育制度化的效度和质量。

（一）防止"制度万能论"

构建完整的思想政治教育制度体系，能够为人们确定行为与日常生活的界限，提供行为结果的预期，形成良好的社会秩序。但我们不能因此过分夸大制度的功能，把制度作为解决一切问题的工具和手段。这是因为，制度本身的缺陷和局限是客观存在的。并且，制度的设计和功能发挥不是存在于理论的真空之中，而是源于实践，在社会生活的现实中不断体现和得到验证的。科学、完善的制度若要不打折扣、真真正正地为社会成员所认可和接受，并顺利持续地贯彻执行下去是受到诸多因素影响的。

制度自身的缺陷集中体现在制度具有的稳定性与社会变化之间的矛盾上。制度的内容一经确立，便不可随意更改、停止、废除，这是制度权威性与强制性的表现。制度的这一特点，不仅为人们行为模式的确立提供了保障，也降低了思想政治教育的成本。但制度的稳定性，也一定程度上造成了制度在更新过程中的滞后性，导致了制度在面临社会变化、人的需求变化时所表现出来的"异化"现象，制度从促进社会发展，规范人们行为，为实现人们全面发展为目标的状态转化为抑制个人发展，阻碍社会进步的状态，即原有的制度功能已不再是促进目标实现的正向功能，而成为阻碍目标实现，或者对目标实现毫无意义的负向功能，制度对人的行为的塑造和约束作用也趋于弱化。

制度并不是万能的，还在于制度构建的理论与社会实践中制度体系的运作之间存在着难以克服的障碍。以制度中的关键要素之一"人"为例，我们就可以清楚地看到制度实施过程中的失灵状况。一方面，在人的本性之中，存在着追求个人利益最大化的倾向，制度的实施能够在一定程度上抑制这种倾向，但却不能从根本上消除。尤其是在改革开放不断深入，我国市场经济持续发展的情况下，面对各式各样的利益诱惑，一些人不惜代价追求自身利益最大满足的情形是屡见不鲜的。马克思在谈到资本本质时有一段非常精彩的表述："资本害怕没有利润或利润太少，就像自然界害怕真空一样。一旦有适当的利润，资本就

胆大起来，如果有 10% 的利润，它就保证到处被使用；有 20% 的利润，它就活跃起来；有 50% 的利润，它就铤而走险；为了 100% 的利润，他就敢践踏一切人间法律；有 300% 的利润，它就敢犯任何罪行，甚至冒绞首的危险。"虽然马克思论述的是资本，但是，不要忘了，资本背后是活生生的人。如果违背制度能够得到比遵守制度更大的利益，并且破坏规则的成本低于所获利益的时候，制度失灵是难以避免的。另一方面，在现代社会中，规则的制定多是少数精英群体在考察社会现实和对社会发展预期基础上的智慧结晶，制度创新有超前于社会成员现有观念的可能，社会成员成员原有的思想观念、行为方式便会与新型的制度体系发生冲突，制度的功能也就无从谈起。

因此，在思想政治教育制度化建设中，我们既要看到制度的优势，又要考虑制度的缺陷，避免"一刀切"的工作方法和形而上学的思维方式。

（二）提高思想政治教育制度化的质量

思想政治教育制度化建设的质量好坏是关系到其成功与否的重要因素。制度化建设是一个系统工程，既包括制度的建立，又包括制度的实施。因此，提高思想政治教育制度化的质量，就要注重提高制度设计的质量，制度实施的质量，处理好两者的关系。

制度形成于社会实践的过程中，思想政治教育制度也是根源于思想政治教育的实践，在不断总结的基础上发展而来的。因此，在思想政治教育制度化建设中提高制度设计的质量，首先就是指提高制度对现实实践的抽象和代表能力。宇文利教授在《论我国当代思想政治教育的制度化建设》一文中强调："思想政治教育制度的质量是制约制度化实现程度、应用信度和实践效度的关键。"提高制度对实践的代表能力，一方面应注重改善思想政治教育的实践，优质的实践活动能够为理论上的提升创造条件，同时，理论的完善又更好地保证和指导着实践的进行；另一方面，实践上升到理论的过程，需要经过去粗取精、去伪存真、由此及彼、由表及里的复杂工序，这就是要求我们在实践的基础上提高对制度的总结和抽象概括能力，并调整和优化制度的结构，只有这样，制度才能真正成为思想政治教育实践的凝结和代表，才能具有服务和应用于实践的生命力。其次，在现存思想政治教育制度化建设中，还存在着建设不均衡的问题，这主要归咎于制度设计范围上的狭隘性。在现有思想政治教育制度设计中，关于学校思想政治教育的制度研究与设计占有明显的优势和较大的比重。这就要求我们要在制度设计中，合理衡量和评估不同行业、不同层次、不同人群的比例与地位。在科学认知的基础上，作出合理的制度设计。

制度的建立可以说是制度化进程开始的前提和基础，但这并不是制度化的完整内容。制度的实施和维护也是制度化完整内涵必不可少的方面。并且，思想政治教育制度化建设在现实中也面临着配套系统缺失的问题。这就要求我们在提升思想政治教育制度质量的同时，要使思想政治教育的目标系统、规则系统、组织系统和设备系统成为协调一致的整体，提高思想政治教育的创新性，使思想政治教育制度实施的质量与科学的制度相匹配，做到"'制'与'行'统一，做到有制可依、有制必依、依制必行、行制必严，切实提高思想政治教育制度的实践程度"，从而减少和避免理论与实践中出现的不同步与不连贯的现象，使制度摆脱形式主义的"阴霾"，真正发挥思想政治教育制度的功能。

此外，提高思想政治教育制度化建设的质量，还与制度对理论的代表程度有关。思想政治教育制度化研究相对于伦理学、哲学、经济学和政治学领域的研究较晚，我们在借鉴其他领域制度理论的研究成果时，要注重不同学科领域的特殊性，在理论的转移上应注重制度构建与思想政治教育专业理论的结合。使思想政治教育制度的建立适合专业特点和需要，这样，思想政治教育制度化建设才是有质量的、有效的。

（三）实现社会制度建设与思想政治教育制度化的相互结合与关照

有些学者从层次划分的角度，把制度分为宏观的社会制度，即社会形态；中观的基本制度，即政治制度、经济制度等；微观的具体制度，即在前两者基础上形成的更为专门、具体的规则体系的总称。思想政治教育从萌芽、发展到日趋成熟，已逐步深入到社会建设的各行各业当中。实现社会制度建设与思想政治教育制度化的相互结合与关照，是完善和巩固社会制度体系的需要，也是推进思想政治教育制度化建设不容忽视的一个方面。

社会根本制度决定了思想政治教育的性质，不仅是思想政治教育建设的根本支撑，也为思想政治教育建设提供了较为适宜和有利的客观环境，在一定程度上保证了人们对思想政治教育的接受效果和执行效果。在社会制度建设中旗帜鲜明的突出意识形态的内容与要求，是思想政治教育在社会建制中发挥作用的必然举措，也是在社会转型过程中，实现方向保证的必然要求。

随着社会转型和生产力发展的不断深入，政治、经济、文化、社会、生态等方面的制度建设和改革进程不断加快。这一系列制度建设背后的价值因素是思想政治教育必须高度关注的方面。如若忽视了这个方面，那么符合政治、经济等领域基本制度的行为极有可能是与思想政治教育的要求相背离的。而这种情况的出现，则容易引致利益关系的紧张、社会矛盾的激化，从而对人们的生活造成伤害，对社会的和谐与稳定造成困扰。因此，必须在社会制度体系中合理引入思想政治教育的内容，增加思想政治教育的影响。通过社会制度的激励或约束性措施，保证思想政治教育要求对主体行为的规范和引导，使行为主体在实现自我利益的同时，达到提升思想道德水平的效果。

我国社会制度建设面临着内在制度建设不平衡、不健全和外在多种思潮，如自由主义、极"左"思潮等的双重压力和挑战。内在制度的缺陷要求我们必须加快推进社会主义基本制度的创新和完善。因为，制度的缺陷导致人们对制度的抵制和反感，依托此制度的思想政治教育规范便得不到认可和执行。而外在多种思潮的冲击，也让我们对发挥好制度中"隐形"思想政治教育功能的重要性有了更为明晰、准确的定位；同时要求我们在巩固主导意识形态的基础上，增强其张力和亲和力，以先进的、合理的思想丰富意识心态的内容体系，真正代表人民的利益，增强社会制度建构中思想政治教育的现实性和人文性。

（四）实现思想政治教育制度化与科学化、生活化的有机融合

自改革开放以来，实践需求与理论提升需要使思想政治教育得到了迅速发展：思想政治教育的理论研究不断深入和扩展、方式不断丰富和更新、思想政治教育工作者的队伍不断扩大等。其中，思想政治教育科学化与生活化是进入新时期以来思想政治教育发展的明显趋势和重要方面。关于思想政治教育科学化与生活化的理论研究与实践探索成果层出不穷，形成了一定的规模。我们在推进思想政治教育制度化建设的过程中，要注重实现思想政治教育制度化与科学化和生活化的有机融合，这样才能使思想政治教育制度化建设真正获得成功，也才会形成一股改善思想政治教育实效性不足现状的合力，使思想政治教育更好地服务于经济、政治、文化、社会等各方面发展的现实。

实现思想政治教育制度化建设与科学化的有机融合主要包括两方面的内容。

第一，思想政治教育科学化是思想政治教育制度化建设的内在要求。一方面，我们要在思想政治教育制度化建设中遵循制度制定的原则、方法和规律，使制度的理论建构符合逻辑，制度的实施符合技术的要求。另一方面，要结合思想政治教育的特殊性，以科学的方法和态度使思想政治教育制度体系的构建达到科学的状态和水平。因此，在制度设计的过程中，要正确把握思想政治教育的规律、内容和本质，以科学的思想为指导，加强思想政治教育制度体系在理论方面的系统性和规范性。在制度实施过程中，要注重科学管理方法的运用，尤其是在科学技术大发展的今天，要不断更新和巩固思想政治教育制度设备系统，推进思想政治教育的现代化发展，增强思想政治教育的时代韵味。只有以科学为基础，思想政治教育制度化建设才能更好地进行下去。

第二，思想政治教育制度化是思想政治教育科学化的重要内容和保障。"思想政治教育科学化包括三个领域：思想政治教育学术研究的科学化、思想政治教育人才培养的科学化、思想政治教育实际工作的科学化。"无论哪个领域中的科学化都离不开制度化建设的内容及制度化的保障作用。一方面，学术研究的规范化、人才培养的制度化、实际工作运行的机制化和体制化是思想政治教育科学化的重要内容，也是衡量科学化水平高低的重要指标。另一方面，制度化建设的推进是提升思想政治教育科学化水平的重要保证。与科学化建设相配套的制度化体系，能够保证思想政治教育理论研究的规范性、系统性和连续性，为思想政治教育实践工作的科学化创造良好的环境，增强思想政治教育科学化实践的权威性和实施力度。

思想政治教育制度化建设与生活化的有机融合同样由两方面的内容组成。

第一，思想政治教育生活化是思想政治教育制度化建设的价值取向。制度是扎根于活生生的现实世界之中的。陶行知先生曾经说过："没有生活作中心的教育是死教育，没有生活作中心的学校是死学校，没有生活作中心的书本是死书本。"那么，没有生活作中心的制度也会成为"死制度""虚制度""空制度"，成了让人反感生厌的教条，没有任何价值。在思想政治教育制度化建设过程中坚持生活化的价值取向，就是将制度的明确、具

体特点与生活性原则相结合，使制度在分解思想政治教育的抽象意义时能更好地融入教育对象的生活当中，在赋予思想政治教育制度人性光辉时发挥其对人们现实生活的指导和构建作用。

第二，思想政治教育制度化是实现思想政治教育生活化的有效方式。制度化建设是增强思想政治教育可操作性的重要途径。如果对人们日常生活细节中蕴含的价值要求、道德因素、交往习惯加以抽象概括，并以制度化的形式巩固和保障生活化内容的实施，那么这种以生活为基础的制度化建设不失为实现思想政治教育的价值和意义在生活中的回归的有效方式。一方面，以生活为中心构建的制度体系具备为人们所接受和认可的合理性；另一方面，制度的强制性又保证了其合理性的实现，并且量变最终会引起质变，制度的推行势必会潜移默化成教育对象的主体诉求，形成一种有道德的生活氛围。

科学化是制度化的内在要求，生活化是引导制度化的价值取向；制度化建设是实现科学化的重要保证，实现生活化的有效方式。因此，在思想政治教育制度化建设过程中，实现三者的有机融合，才能把制度化建设落到实处、取得较大的成效。

第五节　思想政治教育的途径和方法

"育人为本、德育为先"是实施教育的主导思想。学生在学校受教育阶段，除了学习知识技能之外，对礼节礼仪教育、心理及思想上的健康教育也是十分必要且重要的。如果单就影响学生综合素质养成的角度来说，或许后者比前者的教育意义更为重大。当前，在校大学生主要群体是 90 后的新生代，他们的生活环境、思想观念、思维方式与 70、80 年代出生的族群相比，有了巨大的改变。他们思想多元化、自我意识强、情绪波动大，既有敢于尝试新鲜事物的优点，也存在着自我约束力低、耐受性差、挫折感强的诸多弱点。因此高校大学生的思想道德建设，要因材施教，以德育为核心，针对当代大学生的自身特点，加强理想信念教育、心理健康教育和校园人文环境建设，通过高校思想道德教育与公民道德建设的有机结合，不断创新大学生思想道德教育新思路和新方法。

一、运用"互联网+"思维，全方位拓展师生教育沟通渠道

是否能够被学生接受？是否能够影响学生的行为养成？是评价思想政治教育工作成效的重要依据，而建立师生间沟通渠道又是思想政治教育工作的关键所在。为了建立良好的教育沟通渠道，教育者就要突破传统"理论灌输+形式教育"模式的桎梏，重视大学生的内在需求，尊重学生的个体差异，提倡平等教育。当前，我们可以充分运用"互联网+"思维，借助微信、微博、QQ 等学生易于接受的沟通平台，实现师生间的互动交流和指导教育，通过大力营造放松、开放、坦诚的互动氛围，与学生展开心灵上的对话，了解学生的内在

思想。同时，依托这些沟通平台，充分发挥网络媒介"以点带面"的广播扩散效应，通过对"正能量"文章、视频、图片等材料的分享推荐，积极引导学生树立正确的人生观、价值观和世界观。此外，我们还需结合当代学生的年龄结构、心理发展和生理特点，辅以课堂宣讲、革命教育、实地观摩、体验活动等立体化教育方式和手段，多方位推动大学生思想素质的提升。

二、把握班级活动主阵地，大力营造健康向上新风尚

班级主题活动是开展学生思想政治教育工作不可或缺的重要平台，也是班主任把握班级集体风尚的主阵地。通过开展"做文明大学生""文明礼仪我先行"等一系列主题教育活动，以班级研讨会、讲座、辩论或情景剧等形式组织学生参与其中，大力营造健康向上班级新风尚，引导学生讲正气、树新风，激发学生爱党、爱国、爱校的热情，培养学生高尚的道德品质和文明素养。在主题活动中，我们可以凭借形式多样、生动活泼、具有现代气息的活动内容来提升学生参与兴趣，同时将社会主义核心价值观融入其中，实现"润物细无声"的教育作用，通过灌输、熏陶、感染、启迪，潜移默化地影响大学生的生活方式、价值取向、思维方式和行动规范，从而引领大学生的精神生活，形成共同的理想信念、道德规范和价值追求。

三、推动多元化社团发展，提供大学生自我培养空间

社团活动是大学生参与社会实践的重要载体，其主要作用是通过学生的实践活动，提升学生的组织能力、沟通能力、协作能力，其既是学生自我培养的重要课堂，也是校内陪伴学生成长的第二集体。目前学校社团组织呈现出多元化发展的趋势，涌现出了诸如英语社团、吉他社团、心理咨询社团、轮滑社团、演讲社团等大大小小的团体组织。总体来说，无论在涉及领域和组织形式上，都给大学生提供了较大的选择空间。这些社团的出现，使得有相同兴趣或爱好的大学生通过社团活动走到了一起，为他们的自我培养提供了重要发展空间。我们可喜地看到，众多大学生通过社团实践活动，提升了能力，增进了团结，实现了互助，取得了进步。因而，应该大力倡导多元化社团活动，让非正式团体转变为校方领导下的正规组织，适应主流思想的发展方向，将以思想、娱乐、学术、科技为基本内容的社团活动，转变为开展思想政治教育工作的有益补充和"二传手"，为大学生的自我培养提供充裕的塑造空间。

四、丰富课余文体活动，陶冶大学生思想情操

大学生群体正值青春年华，精力充沛，思想活跃，追求进取。如光有课堂教学是无法填满大学生校内生活的，一旦学生的课余生活被不健康、非主流的糟粕杂质占领，就会给

思想政治教育工作带来极大的负面阻碍，甚至毁人一生。因此，很有必要通过开展丰富多彩的文体活动，充实大学生的课余生活，不给糟粕杂质留有可乘之机。与此同时，通过这些文体活动的组织开展，不断增强学生的个人体质，陶冶他们的思想情操，培养他们的积极进取精神和健康生活情趣，积极助推他们健康心理素质和积极生活态度的养成，最终为学生"德、智、体、美、劳"的协调发展创造有利条件。此外，文体活动的开展多以团体形式出现，其既能增进学生团结，又能增强班集体的凝聚力，这对于开展思想政治教育的工作者来说，确实是有效实用的手段方法。

五、倡导身体力行的社会实践，磨砺学生意志品质

社会实践是大学生思想政治教育工作的重要补充。无论是校内的勤工俭学，还是校外的生活实践，都能通过社会这个好老师，磨砺学生意志品质，提高学生思想认识，从而为大学生今后步入社会提供不可多得的实践演练和能力储备。为有效提升学生社会实践能力，每年都会定期组织学生开展"参观烈士陵园"、暑期"学生下乡"、学校现场招聘会等多项社会实践活动，在红色文化的影响和熏陶下，广大学生的思想道德素质不断提高，通过学生在社会实践中的身体力行，让他们真正体会到真、善、美和自身实力差距，从而使得参与社会实践的学生，深刻领悟并切实将学习态度从"要我学"向"我要学"转变，不虚度荒废自己宝贵的大学时光。

加强对大学生的思想政治教育建设，是理念教育的基础建设，是适应现代化教育的需要，是保证社会主义现代化人才素质培养的需要。大学生思想教育要充分考虑每个学生的心理发展特点和发展的规律，重视对大学生良好的心理素质方面的培养。利用互联网、班级主题流动、社团发展、社会实践等多种形式开展大学生的思想教育工作。在互联网及多媒体发展快速的今天，充分并良好地发挥网络媒介的作用，构建更为和谐的高校文化环境，能够真正实现提高大学生思想道德教育的实效性。

网络思想政治教育已成为当前高校加强大学生思想政治教育的重要环节。应以新形势下大学生思想政治教育为内容，结合党和政府的相关文件精神，立足当前高校网络思想政治教育的实际，对网络环境下的大学生思想政治教育进行相关探讨，提出高校网络思想政治教育的发展路径和方法。

加强和改进高校网络思想政治教育离不开教育途径和方法的探索，这就要求高校要立足于工作实际和大学生的思想特征与实际需求，围绕高校网络思想政治教育的主题和目的不断创新教育途径和方法，提高教育实效。

六、创新网络思想政治教育的途径

（一）建立思想政治教育专题网站

网络思想政治教育必须开辟自己的网络阵地，通过这块阵地教育、感染和熏陶广大青年学生，这便是思想政治教育专题网站。当前一些高校已经建立了自己的专题网站或网页，但仍需健全和完善，以满足广大学生的需求。

1. 要丰富网站内容，讲究多样性

思想政治教育的内容关系到思想政治教育的目的和效果，关系到能否将大学生培养成"四有"新人，因此专题网站的建设不仅在页面设计上应讲求美观、大方，而且更要注重内涵和实用，要进一步扩大网站内容的含量。这就要求网络思想政治教育者精心选择兼容多样性的信息知识，但务必要坚持正确的价值导向，务必紧扣大学生思想和不断发展着的实际，要有理论、有舆论，又要有优秀作品和高尚精神，不断加强大学生的爱国主义教育、理想信念教育、公民道德教育和素质教育。

2. 更新信息内容，富有新颖性

思想政治教育讲究时效性，必须保持信息知识的快速更新。然而目前众多高校思想政治教育网站存在一定缺陷，其重要原因之一就是内容上趋于雷同，更新速度较慢，在宣传和报道上相对滞后，不能及时传达信息，更有甚者直接转载其他网站或期刊上的相关文章，不问是否过时，不加任何处理，直接置于本校网站上，严重忽视了校情和学情，这种缺乏时效性和新颖性的信息，自然不能吸引广大学生的眼球，更不要谈教育的效果。因此，高校思想政治教育专题网站建设者一方面要选取最新信息，关注热点信息，要及时发布诸如国家大政方针、重要文件、国内外重大时事等最新信息，及时对广大学生进行教育和引导，同时要及时更新内容，保持网站信息的新颖性，增加点击率，巩固主阵地，增强广大学生对网络思想政治教育的认同感，使他们在心理上真正接受网络思想政治教育，并主动利用网络开展自我教育，使教育效果落到实处。

3. 要着眼学生实际，富有针对性

大学生是高校网络思想政治教育的对象，他们大都处于20岁左右的年龄段，在思想和情感上波动较大，且普遍关注时代热点和社会现实，他们具有较强的独立思考能力，在某些事情上有自己的看法和价值判断，个性鲜明、价值多元是其典型特征，这些都给思想政治教育者工作的开展带来一定难度和挑战。遵循大学生成长的规律，抓住他们的身心特征、行为习惯和实际需求，是有效开展网络思想政治教育的关键所在，因而高校网络思想政治教育必须要立足于广大学生的学习、生活、就业和创业等实际，有目的、有计划、有步骤地开展网络思想政治教育，坚决杜绝"华而不实"和"大而空"。在内容上杜绝千篇一律、不分好坏、照搬照抄，对重大事件的报道和评价，既要做到客观，又要角度新颖，网站的栏目设置尽量多样化、丰富化，如大学生的心理健康、就业、学习指南、生活服务等主题都应列入其中，使网络思想政治教育既能帮助学生解决方向性问题，又能帮助学生排忧解难、解决实际问题。

（二）开发利用电子化教材

教材进网络便成了名副其实的电子化教材，电子化教材是大学生学习的重要材料，也是网络思想政治教育的重要资源。它不同于传统的纸质教材，但涵盖纸质教材的内容，主要有被扫描的教科书和参考书、电子讲义、试题库及被上传的教师多媒体课件等，它以现代科学技术手段再现了教师课堂内容和教材内容，内容丰富，不仅存在文本形式，并具一定的声音、图像，使思想政治教育形象、生动、具体。

（三）网络思想政治教育的现代方式

除了高校普遍采用的建立网络思想政治教育网站或网页、校园论坛和电子教材的方式对大学生进行思想政治教育外，还可通过 E-mail、MSN、QQ、博客、飞信、微博等方式进行教育，现以 QQ 聊天系统和微博为例。

QQ 聊天系统。QQ 能向广大网民提供广阔的交互空间，所以它已成为人们生活中不可缺少的常用交流工具。对思想政治教育而言，它使大学生思想政治教育具有随意性、时效性、互动性和生活化的特点，因而教师可以充分利用该工具与广大学生共同探讨思想政治教育的深层问题与浅层问题，使课堂教育加以延伸，并使自己不断关注学生对理论教育和现实生活的真切感受，尊重广大学生的话语权，调动他们参与的积极性，促使思想政治教育活动在轻松愉快的交流氛围中进行。

微博。它是当前出现的一种互联网服务，它具有短小精湛、传输迅速、反馈即时、可与手机互通信息等特点和功能，通常"用户可以利用 PC、手机等各种可连接网络的终端进行访问，随时随地发布文字、图片、音频、视频多类型信息"，这对大学生的吸引力强，所以教师应该密切关注学生这方面的兴趣，建立新的网络交流平台。

七、创新网络思想政治教育的方法

网络思想政治教育方法的创新是实现网络思想政治教育目标的重要手段，其中渗透式教育和大学生的自我教育是网络思想政治教育方法创新的重要表现。

（一）渗透式教育

渗透式教育首先是渗透知识。要渗透传统思想政治教育的相关内容，传达有效的信息，将枯燥的理论通过新闻、心理驿站、电影、大众文学、专家论坛等大学生喜闻乐见的形式表现出来，化枯燥乏味为生动有趣，进一步巩固和强化大学生前期教育所形成的政治认知和道德价值观念。其次，在教育内容和具体教育方式上要渗透情感，要宣传身边优秀人物的典型事例，同时考虑青年大学生的身心特征，改变硬性灌输的方式，注意渗透教育者自身的情感因素。这就要求教育者对思想政治教育事业要充满情感，满腔热情地投入教学工作，要用自己的真情实感来打动大学生，使思想政治教育工作充满人情味，体现更多人文关怀。

（二）自我教育

不进行理论灌输和形象渗透，教育对象难以自觉产生科学认识，然而真正将科学知识和先进理论化为大学生的自觉认识和行动，离不开大学生的自我觉醒和自我教育。联合国教科文组织曾指出，"未来的学校必须把教育的对象变成自己教育自己的主体。受教育的人必须成为教育他自己的人，别人的教育必须成为这种自我教育""自我教育法是受教育者按照思想政治教育的目标和要求，主动提高思想认识和道德水平以及自觉改正自己错误思想和行为的方法，简单地说就是人们自己教育自己，自己做自己思想政治工作的方法"。为了增强大学生网络思想政治教育的有效性和接受性，实现网络思想政治教育的可持续发展，大学生主动利用网络进行思想政治教育显得尤其重要。

首先，树立网络环境下的自我教育意识。大学生要改变自身在教育过程中的盲目性、受动性，自觉树立现代学习思维方式，相信网络环境下思想政治教育的科学性和有效性，促进自我认识和自觉观念的内化，进而使这种感性认识上升为一种理性自觉，使具有主体意识和自主能力的大学生自主独立地在网络中求知、求善，真正化被动接受为主动自我教育，推动网络思想政治教育由"为我"向"我为"的转变。其次，增强网络空间信息辨别能力。青年大学生要培养对网上信息的识别和选择能力，坚持批判的精神、扬弃的态度，一分为二地看待网上各类信息，自主获取其中有益成分，内化为大学生成长的动力，对于不良的负面信息要加以批判和自觉摒弃，真正做到趋利避害、为我所用。再次，掌握网络空间自我教育的正确途径和方式。大学生对自我教育的认知必须通过真正的、现实的自觉行为进行确认、检验，这是自我教育的关键。面对海量的网络信息，大学生如何利用网络开展自我教育，只具有高度的自律性远远不够，必须根据自身特点适时采用灵活的教育方式。当然，点击思想政治教育类主题网站或网页是自我教育的主要途径，还可通过论坛、聊天室、信箱等途径以互动交流的方式接受教育，不断促进自身思想道德素质的自我建构、自我养成与自我完善。最后，自觉进行自我监督、自我管理和自我评价。大学生要培养自律意识和慎独精神，坚持不懈、持之以恒地自主利用网络进行思想政治教育，并针对网上自主教育的效果适时进行自我分析、自我评价和自我反思，自觉调控网络空间学习行为，能动地建构和转换认知模式和学习方式，不断获得体验、加速内化、提升自我、增强能力，从而进一步增强网络空间自我教育的自觉性和坚定性。

总之，坚持网上教育与网下教育、网前教育与网后教育相结合的原则和网前预警、网上教育、网后反思于一体的综合教育体系，定会大幅提高大学生自我教育的效果和高校网络思想政治教育的实效。

第六章　大学生活、学习与理想教育

第一节　大学是人生发展的新阶段

大学发展和时代变革密切相关，是时代变革的推动力，也受时代变革的影响。工业化与后工业化发展相互融合，生产要素不断深化与创新，知识、技术、人才及其综合素质备受推崇，为大学发展指明了方向并提出了要求。大学也顺应了时代要求，不断地完善自身。我国大学发展要把握时代变革节奏，在工业化、后工业化发展中找准定位，做好抉择。

一、时代变革与大学发展

时代变革对人类生活有深度、广度上的影响，体现在人的生活习惯、思维方式、价值观、人类共同体架构的深刻变化和经济、文化、政治、环境结构的完善。毋庸置疑，时代变革对大学发展也产生一定影响。如今，全球处于工业化、后工业化并存时期，少数发达国家凭借厚重的工业资本优势，引领后工业发展潮流，发展中国家正不断提升工业化水平，紧追后工业化步伐。如此复杂的时代环境，变革的要旨、目标也扑朔迷离。如何透彻时代变革，引领社会进步，是大学发展的题中应有之义。

大学肇始于欧洲中世纪，大学成员有机地、凭着爱好聚集在一起，一般不从事物质生产劳动，对社会财富贡献较低，大部分时间用来对知识、美德的不懈追求。这种时代特征是物质不足、时间过剩，寡欲成为美德，"清贫人士"受到赞赏，且宗教对世俗严格统治，宗教思想起着权威作用，任何成果，包括思维成果、生产果实都是神的恩赐。而大学所受约束要松一些，大学成员的流动也自由。很遗憾，大学处于这一阶段，并未作出全局性的突出贡献。即使在文艺复兴、宗教改革对中世纪陋习进行批判时，大学也未能积极地参与。中世纪时，大学是"象牙塔"，处于社会的边缘，是农耕时代的使然。

16世纪后，培根、笛卡尔等倡导知识应该具有实用价值。在第一次工业革命初期，大学仍然不是主角。我们知道，此时蒸汽机、纺织机的发明并不是知识人才的研究成果，而是一般技术工人；19世纪初的柏林大学开创了大学新时代，大学很好地把握了时代命脉，标志着大学逐渐走向舞台中心，成为第二次工业革命发展的推手；二战后，第三次工业革命兴起，即是后工业时代开端。但全球范围内，工业化、后工业化长期并存。为此，大学既要承载自身使命——教书育人、传递知识，也要担负信息技术拓展、科学研究、服务社会的职能。各国高等教育发展回应了时代需求，正在推动着一系列改革。大学的科研成果正通过转化进行规模生产，是经济增长的一大引擎。

二、工业化与大学发展

工业化是民族国家达成经济腾飞的核心路径，是国民经济社会一系列基本的生产要素组合方式连续发生变化的过程，是不断前进的、动态的，是生产力的不断变革。工业化发展分为三个阶段，即初始经济增长、早期经济增长、现代经济增长。初始阶段工业化主要靠原材料集聚，依赖基本的生产要素和廉价的劳动力。发展中国家在工业化起步时，易采用这种途径，即粗放型经济发展模式，不具有可持续性。在此情况下，企业本身生产工艺低，没有创新，必须依赖外国经验，以达模仿；第二阶段，企业投资高效的生产设备，常以付专利费、合资等途径寻求外国的技术，自己也能进行一些技术改良，不再局限于外商的指导。尽管技术进步了，有消化、吸收、改进能力，但仅能满足国内市场，与发达国家相比仍然有差距；第三阶段在20世纪前期，经济学家开始探索工业化的新模式。索洛认为新的动力是技术进步。人力资本学家舒尔茨、贝克尔秉持人力资源要素。熊彼得认为是企业家精神，企业家进行创新和管理。此时，工业化发展不再依赖物质而是依赖人的创新管理能力、高效的生产技术，除了改善生产技术，自身也有创造力，并积极开拓国际市场，研究机构和大学开始发挥关键作用。

工业化既使得经济领域发生了深刻转变，也使得人类生活的方式、观念和社会文化领域骤然变革，科学知识的重要性凸显。在农业文明时代，知识的增长是缓慢的，知识的获得大都是对先辈经验的吸收和延展，知识形成基本依赖有闲阶级的推理。奴隶社会上层阶级对知识的探索仅在于自身修养的提升，不会对生产性知识太感兴趣。封建社会生产技术有所提升，但农民劳动果实大部分被拿走，技术创新的积极性也丧失。知识被地主阶级所垄断，成了少数人的专利品，不会对新知识产生起到促进作用。在资本主义工业社会，工人没有生产资料所有权，但工人的自由度相对高，为工业发明提供了动力。工业发明主要依靠技术工人和科学家，第一次工业革命发明主要靠产业工人的努力。直到19世纪，科学研究才真正开始实验室化，并以科学知识为导向，推动了生产技术急剧提升。可见，工业发展必须逐步摆脱物质资源依赖，转向知识积累，提升劳动力的生产技能和科研人员的创新素质。

回首发达国家工业化历史，大学扮演了重要作用，尤其是19世纪以后。大学为企业培养了技术岗位工人、管理岗位精英和公共管理部门的人才，更重要的是大学教育提升了民众的综合素质和创新能力，营造了尊重知识、尊重人才的和谐氛围，这个重要理念已经妇孺皆知。大学教育的发展对经济产生极大影响，为医药、国防和海洋事业新拓展提供了智力基础。19世纪的德国、20世纪的美国充分地发挥了大学的独特作用，引领着世界潮流新进展。

德国的近代化发展离不开大学的贡献，"教育救国""有学校的国家才拥有未来"是时代的号角。德国的大学发展曾经独领风骚，重视科学研究，对大学进行分类办学（双轨制）。高等职业技术学校、普通高等学校分工不同，但都是为了培养经济社会发展所需人才。德国大学非常重视人才的经验性学习，与企业有很好的沟通，可以为学生提供就业实习机会，为未来职业选择和规划奠定良好基础。德国企业侧重内部研发及科学理论研究，大批科学研究人员、技术人才和管理专家进入企业，添加了动力。

美国于19世纪60年代通过《莫雷尔法案》，给予大学较多优惠政策，为大学发展提供便利，并在20世纪上半叶对公立大学和私立大学进行了扩张，包括技术院校。生源不断增多，退伍军人、移民、黑人、少数民族以及女性都有权利进入高校，而且为家庭贫困学生提供经济援助。最显著的是，20世纪60年代加州立法机构通过了一项高等教育总体规划，为高中毕业生提供三种高校就读机会，即加州大学、加州大学分校、社区学院，而且可以流动，为深造者圆梦。企业和政府提供资金帮助和发展导向咨询。这基本符合规划倡议者克拉克·克尔的初衷，他认为大学教育应该是公民的一般权利，不应该是奢侈品、专属品。这种效果很显著，美国保持了长期的经济繁荣局面，工业规模和经济发展水平位居世界翘楚，是第三次工业革命的主宰。

三、后工业化与大学发展

后工业化以服务业为主，包括消费性服务业和生产性服务业，消费性服务业以旅游、娱乐、餐饮等为代表，生产性服务业以金融、教育、网络应用等为代表。阿尔温·托夫勒、丹尼尔·贝尔是后工业化理论的杰出代表。后工业化在他们印象中是科学技术与产业组织的高度发达时期，人的幸福指数很高，知识、信息将是最重要的生产要素。后工业化的主角是专业人员，教育和培训将为他们的生产、管理技能储备能量。技术仍然是后工业化的主要标志，生产技术是提高生活水平的火车头，技术使用的最佳标准是高效，使用最省力、最便宜的资源。技术的掌握使得工程师和技术人员可以远程指导，为惬意的业余生活腾出更多时间，不需要像工业化时期那样遵守严格的日程安排。人的自由度进一步提升，开始追求人与社会的价值。这时，发达国家的经济发展势头减弱，主要以社会福利、生物医药等事业为主，不再过度投资资源依赖型产业，但国家的核心竞争力依然强势，基础科学、金融、医疗、卫生、教育、太空科技等领域稳步发展，人才资源、科技研发能力不可小觑。

后工业化的主导力量是信息，信息的基本内容是知识。知识与信息的本质在于具有流动性，不会成为某个人或某一群体的固定资产。故而，在信息获取方面，个人或单位可以公平地竞争。而不像工业社会那样，企业家或政府占据优势资源，可以采用组织的集体力量进行大规模的生产。随之，社会有两种人：一种是知识和信息的控制者、主体，主导、操作着知识传播、信息流通；另一种是被知识与信息异化的人，他们是知识与信息的"奴隶"，反而被客体所"主导"。

后工业化虽然削弱了主导阶层对生产要素的垄断，但并不意味着技术、创新能力方面的真正公平，后工业化不受平等思想的绝对统治，毕竟个体有智力差异和机能区分。教育可以让一个人凭借知识和能力提升自己，尤其是接受了高等教育之后。对一个名校大学毕业生来说，他的知识储备能够更好地找到工作，并顺利展开理论知识的实践，而没受过高等教育的或许是"二等公民"，受教育程度的不对等造成了知识储备量的较大差异。随着学历和技术水平的提升，人们所期待的收入期望值也越来越高。一般情况下，博士工作待遇比本科、硕士要高，当然，博士的教育投入要高很多，对知识掌握的要求也要高出许多。

在后工业化社会，大学发展航向是难以预测的，承担的使命是复杂的，常常被冀望为保卫社会基本需求的堡垒，要对真理进行不懈的追求，又要捍卫自身的学术自由，与社会利益集团周旋。在"知识依赖型"社会，大学的责任包罗万象：提升学生熟练的技能、综合素质和道德责任感，为公共事业做咨询服务，为尖端科技、军事、太空事业做基础研究，为人文社会科学发展做探索。大学自身也遭受责难，面临各方的口诛笔伐，深陷学术资本主义、高等教育市场化等旋涡中。后工业化浪潮已经席卷而来，不得不反思以下问题：大学如何自立，需要坚持人才培养、科学探索、社会服务导向；大学如何自保，必须坚守知识传授、心智训练的本色；大学如何自存，大学的存在是其发展的根本前提，大学发展又是生生不息的。大学自立、自保是发展的必要条件，是大学存在的核心要件。

四、我国大学发展的抉择

我国是发展中国家，工业化程度不高，又面对后工业化冲击。党的十六大提出"新型工业化道路"，但低效率标签仍未消除，许多地方政府仍然追求数量经济。企业的自主权较差，资源配置权紧紧地掌握在地方政府手里，地方政府为了"政绩工程""形象工程"，往往进行过度的资源配置。整体上，依托高投资、高消耗、低效率的增长式样依然普遍存在，造成了资源的挥霍以及生态环境的破损。资源的紧缺制约了工业化进程，工业原料矿藏、水、稀有金属等严重缺乏。高消耗、高目标的工业运行模式，其结果是低效率，导致环境的严重污染、工人的职业病频发，安全事故也时有发生。

如何构造一个令民众满意的、健康的工业发展模型，并充分利用信息技术，在工业化进程中，取得后工业化的同步发展，是新时期的重大使命。关键在于生产要素的优化配置，必须降低对原始生产资料的依赖，注重技术创新、管理体制创新、人才培养创新。人力资源始终是经济社会发展的根本主导力量，是时代发展的旗手，应该充分发挥他们的才智和能力，在技术和管理创新上得到持续性动力。我国人力资源丰富，尽管受教育程度悬殊，但我国人口基数大，有可观的人才存量。我国的高等教育事业发展为人才储备提供了可能，高等教育人数与规模居世界第一位，接受高等教育的人中能够承担技术创新重任的科研人员、工程技术人员以及管理精英不在少数。

大学是高等教育的最主要机构，大学发展是高等教育发展的重中之重，也是高端人才培养的关键。我国大学发展必须紧扣时代变革背景，牢牢把握工业化、后工业化的核心要素：技术进步、管理创新、优质人才。人才是技术进步、管理创新的载体，技术进步需要发展职业教育和科研攻关，管理创新需要复合知识的学习。

不可否认，我国大学发展依然存在较多不足：宏观管理体制机械、学术水平低、毕业生就业参差不齐、区域教育质量差异大等。为此，大学发展应该内外部协调，教育行政部门应该"无为而治"，赋予大学自主权，以财政投资为主，均衡配置教育资源，维持教育公平，提供更多的受教育和深造机会，引导大学朝着现代化方向前进；现代大学发展需要社会的广泛参与，但必须以大学主体的自觉性为本。大学自身应该明确定位，捍卫学术自由，完善教学质量，提升毕业生技能与综合素质。

我国大学系统一般包括高等职业院校、本科院校。本科院校又分为教学型本科、研究型本科、教学研究型本科。教学型本科又称为地方应用型本科，也偏向职业教育。大学发展必须定位明确，职业教育、科研都是时代进步的需要。科研导向的院校必须捍卫学术自由、学术纯真，占据学术知识制高点，扎扎实实做好基础科学研究，为大规模的实验室研究开发充实基底。职业教育导向的院校必须提升教学质量，与企业良性互动，为学生就业造就实践机会。两种类型的院校都不能辜负大学的崇高使命，不仅要服务社会，还要培养人的完善品格。

第二节　树立崇高的理想和信念

大学生政治思想教育活动开设的前提是对大学生进行思想政治教育，这是整个高校教育活动的关键要点。本节主要分析当前具备理想和信念的意义，并从培养大学生理想信念的角度探寻理论教育，主要是培养学生良好的价值认同观，让学生的理想信念教育成效斐然。

大学生思想政治教育理念的核心是开展科学合理的思想政治教育理念，这是整个高校教育活动开设的关键点。当代大学生是我国社会主义事业的接班人和建设者，他们的理念、思想倾向、意识直接与党和社会主义建设有着直接关系。故此，理想信念教育的开设目的是让学生具有共同的理想信念，这是当前时代发展下大学生不可或缺的思想政治素养。

一、强化大学生理想信念教育的重要意义

目前大学生理想信念教育出现很多新问题，就要求大学校园应十分重视大学生的理想和信念教育活动的开设。第一，从大学生自身状况的角度思考问题，当前大学生还处于青年时期，作为理想信念形成的关键阶段，学生正是以共产主义理念为前进方向和奋斗目标的。所以当代大学生就要将马列主义、毛泽东思想为理论学习指导思想，在掌握唯物辩证

注意和历史唯物主义的情况下，对马克思主义的世界观和价值观有新的认同。但是当前由于大学生的思想政治教育工作开展的力度不够，导致学生很难深刻的体验和思考自己的人生，也很难牢固地树立自身的理想和信念，这就导致了很多大学生思想层面异常空虚的状况，从而对学生今后的发展产生不利的影响。大学生作为祖国发展的未来、民族发展的希望，应在强化自身思想理念的前提下，将马列主义看成是理想信念活动开展的核心要素，树立起为共产主义而努力的理念，并积极地与其他错误思想进行斗争，提升学生素质，形成完美人格，最终能走向美好的未来人生道路。第二，从社会发展的角度探寻问题，我国在发展中还处于社会主义初级阶段。该阶段已经成为我国历史发展中不可逾越的关键性阶段，在未来一段时间中国还是处于这一发展阶段，党和国家在此阶段依旧是以建设具有中国特色的社会主义中国为核心理念的。且这一理念是我党需要长期执行的，也是社会主义理想理念发展中的必经阶段。故而我党始终坚持走对外开放的道路，活跃我国的经济，但是在开发期间大量的外国思潮涌入进来，这就会对大学生的思想产生腐蚀。所以在此情况下，若放松对大学生的政治思想工作，不去使用马克思主义理念武装学生的头脑，那么很多不良的思想会乘虚而入，所以强化学生的社会主义和共产主义教育理念十分必要。

二、大学生理想与信念教育的有效途径研究

（一）以未来发展作切入点

当代大学生在自己的心中都有一片天地留给了自己的理想和抱负，希望能够得到施展才华的机会和舞台，希望自己能够得到社会群体的广泛认可。但是他们未经世事，对于社会当中的不公，无法轻易从其中走出来，很容易在自己的心理上产生悲观和失望的想法，甚至会在情绪上产生愤怒感。往往他们在进入社会，经历了社会所带来的挫折之后便会对自己的信念产生怀疑，对自己所坚持的理想和目标产生动摇。在进行理想与信念教育的过程中，积极帮助学生将个人的前途与科学信念相融合，认清社会的真实情况，对自己未来的发展道路进行合理的规划，这对大学生的理想信念建设工作有非常大的帮助。在进行理想与现实相融合的方法上，要从多方面进行引导，譬如向学生全方位地展示中华人民共和国成立以来所取得的成就，将改革开放前后的国家情况做对比，使大学生认清现实，了解到每一次的成功都需要付出巨大的努力。帮助学生将自身成长的条件与当今的时代特点联系到一起，让学生能够真正地理解个人命运与国家的紧密联系。认识到共产主义最高理想不仅仅是我们在建设国家，促进社会发展当中的精神动力，同时也是行为上的思想指引。用各项数据向学生进行阐述，说明什么才是社会主流思想，什么才是国家发展的主导思想，使学生能够将眼光放得更加长远，认清社会当中的个别事例与大潮流之间的关系，帮助学生从全局的角度观察社会，认清社会。

（二）重视教学方法的传授

大学生是一群勤于思考和探索的团队，但是这个团队在知识存储量方面还略显单薄，特别是在科学研究上还有很多不妥之处，因而在观点上就极易出现片面的观点和理念。教师就要通过理论知识帮助学生科学合理地认识马克思主义，要求学生能结合自己所学知识对马克思主义有新的认识。当前是信息技术的逐年普及的阶段，部分学生对信息技术的占有量要远远大于教师的信息技术存储量，甚至很多技术方面要更精于教师。教师在教学活动开设时主要的优势是重点分析之时，而不是有着较多的知识占有量，所有教师在对学生进行知识传授的时候，尽量结合自己的阅历，给学生展示出教师的理论知识分析能力，让学生对知识有深刻的认知，并结合自身现有的知识储备了解知识、深化知识、感悟知识。故此，我们就能判定德育教育工作的重点是要将马克思主义理论内容全部传授给学生，让学生使用马克思主义科学合理的认识这个世界，理解这个世界。最终让学生能使用科学的理想信念指导自己的行为。

教育中要重视学校教育的主渠道作用，这是培养学生实践能力的前提保障。学生道德本性是实践性的，所以德育教育的重点与核心是重视培养学生的道德素质、道德选择、自我心理调控实践能力。德育教育不是单纯地进行说教，是要通过心理教育帮助学生解决生活和学习中存有的问题，使其能积极地解决实践生活中遭遇的各类问题。另外，教学时适度更新教学方法，探寻德育教育的手段、方法是否运用得当，是否能达到德育教育的目的。优质的德育教育资源只有与德育教育更好的契合在一起，才能让两者共同发展，最终形成有效的教育手段。

（三）与文化教育结合

在理想与信念的教育过程当中，有很多例子可以供我们进行参考。加拿大本身是一个由多民族组成的国家，在其国内已经形成了多种信仰共存的局面。从20世纪的70年代开始，加拿大开始在教育事业当中推行多元化，通过开设文化意识相关课程将学生的文化意识引向多元化发展的道路之上，从而进一步培养学生的国家观念和社会观念，使不同种类的社会意识形态能够逐渐地融入到人们的日常生活当中以及学生的教育工作当中，逐渐形成一个思想上的共同体。同时，在语言类相关课程以及多民族文化的相关课程当中，将组成国家的各个民族的文化和语言向所有的学生进行讲解，使学生能够对不同民族产生认同感，同时也对本国的多元文化产生认可。这种成功的文化教育方法对于我们来说非常值得借鉴，将其引入到信念教育当中。通过在文化教育当中引入理想信念的办法，可以帮助学生加强对理想信念的认同感，从而使学生能够树立起正确的信念。通过文化教育可使学生对宗教以及其他信仰都有所了解，明晰宗教的根源和思想。文化教育的融入可以使理想与信念教育的目的潜移默化地对学生产生影响，避免了直接教育使学生心理产生逆反与抵触心理。

大学生作为国家发展的重要后备军，其思想健康与否关系着国家未来的发展。大学生心中应该具有符合社会主流思想的理想和信念，要在日后的发展当中以自己的理想为奋斗目标，用坚定的信念去执行自己应该完成的任务。在高校之中，相关教育工作者应该加强大学生的理想与信念教育。要通过全方位、多角度的引导，使学生能够认清现实，了解到社会的真实情况，使学生摆脱天真的理想主义，真正面对社会竞争。通过理想与信念教育，要让学生拥有真正符合社会发展潮流的理想，并且在完成自己理想的道路当中能够坚定地走下去。能够以过硬的心理素质去面对不公，能够以建设国家为自己的最高理想。

三、大学生思想政治教育工作中理想信念教育的实施

对大学生实施理想信念教育，不仅能促进学生全面发展，同时也是现阶段高校思政课教育的主要形式，利用这种形式能够充分发挥学生和教师的互动和积极性，并利用各种高科技手段，创新教学方法，使学生树立正确的理想信念。所以，高校在实际发展中必须要认清自身在思想政治教育中存在的问题，并根据这些问题提出解决的措施，以便为高校今后的发展提供建议，更好地促进高校学生理想信念素质的提高。

（1）创新思想政治教育机制。实践是一切事物发展的基础，思想政治教育中的理想信念教育工作必须要积极发挥创新机制，同时加强学生理念信念教育的时效性。学生通过实践活动能够更好地认识社会、提高意志力、纠正错误的思想行为，从而提高综合素养。所以说高校学生理想信念教育中实践教育是不可或缺的。可以利用组织各种有效的社会实践活动来丰富大学生思想政治教育的内容，并积极拓展学生创新思维，让学生通过自身的实践了解理想信念的内涵。比如利用课内实践改善学生被动接受知识的现象，利用小组合作讨论的形式，提高学生运用思想政治理论分析问题和解决问题的能力。或者组织社会活动为学生营造良好的理想信念教育气氛。校外实践可以通过集中组织形式让学生参与社会调查中，使学生对自己的职业规划和人生目标更加明确。教师在教学的过程中要善于激发学生主观能动性，使学生在平时的学习和生活中养成良好的习惯，并做到相互尊重、相互激励、团结同学；做事情必须要以理服人、以情感人，利用寓教于乐的方式有效促进学生的思想教育水平的提高。

（2）创新学生思想观念，完善高校理想信念教育。大学生思想政治教育中实施实践创新，一是要把思想观念创新融入思想政治教育中，并在教学中指导学生要积极提高自我修养，不断完善自己，树立终身学习的目标，提高学生主体和责任意识。二是要把高校学生的自身特点作为思想政治教育创新的切入点，正视高校学生的发展特点，教育工作者要把理想信念作为思想政治教育的主要目标，利用改革的精神和独特的方法积极引导高校学生向着正确的方向发展。用以人为本的教育理念纠正各种不良思想。三是在素质教育环境下思想政治教育工作要强调学生在课堂上的主体地位，坚持改革创新、强化基础思路等方式提高大学生思想政治素养，注重培养学生具有高尚的理想信念和思想意识，促进高校学生更好地发展。

（3）将理想信念教育与学生综合素质教育结合。理想信念教育和综合素质教育已经成为高校思想政治教育工作核心，在高校的文化教育工作中必须要将思想政治工作放在第一位。加强校园文化建设，促进思想政治课和校园文化的有机融合，在教育过程中使理想信念融入综合素质教育，并且要增强教育实践环节，拓展学生综合素质。理想信念教育本身就是高校思想政治教学的核心内容，承担着高校思想政治教学的重要职责。要加强校园思想性文化建设，利用理论学习小组组织学生学习基本的理想信念知识，将社会主义特色理论体系纳入思想政治教学中，并积极引导学生树立社会主义核心价值观。充分利用一些比较能激发学生爱国情怀的事件，激励学生做有思想、有文化、有才能的人。同时教师在教学中必须要树立典范、带头作用，引导学生树立正确的理想信念，并引导学生对自身的发展有明确的方向。教师要积极鼓励学生投身到思想政治工作的实践中，将理想信念融入实践发展中，从而促进大学生理念教育更好实施，提高学生综合教育能力。

总之，大学生思政教育工作是一个春风化雨、沁人心骨、养人心志的育人过程，而理想信念是高校思政工作的核心，只有加强大学生理想信念教育才能促进学生更全面地发展。在目前社会发展中，高校必须要充分认识到思想教育工作的复杂性和长期性，所以必须从小事做起、潜移默化提高学生思想政治教育，同时将理念教育融入每一节思想政治课中，积极构建大学生理想信念教育的新思路，实现大学生更好发展。

第三节　高校校园文化与大学生人文素质

在人才竞争越来越激烈的今天，社会对于人才的综合素质和知识结构要求越来越高，只有科学技术和人文素质兼备的人才是现代意义上全面发展的真正的人才。素质教育也成为当代教育改革的重要主题。大学生的素质直接影响着民族的兴旺发达。在大力推行的素质教育中，人文素质是综合素质的重要组成部分，对于大学生的素质提升具有基础性和引导性作用，并在一定程度上制约着大学生发展空间。但我们必须看到，大学生人文素质培养的现状并不太理想，很多问题和缺憾渐渐凸显出来，渐渐引起了学界的普遍关注，关于解决途径的讨论也越来越多，能够形成共识的是人文素质的培养仅仅靠课堂学习和教育是远远不够的，更多的要靠潜移默化的教育与感染，在这一点上校园文化能够起到良好的作用和效果。

一、大学生人文素质培养的重要性及现状

（一）人文素质的定义

关于人文素质的定义在各类文献中尚未有明确统一的说法，但各种说法本质是基本一致的。具体来讲就是通过各种方式将人类的一切人文科学和文化成果内化为稳定的自身素

质，表现出来的是由知识、能力、观念、情感、意志等多种因素综合而成的一个人的内在品质。主要内容包括四个方面：人文知识、人文思想、人文方法、人文精神，其中人文精神是核心。

（二）大学生人文素质培养的重要性

人文素质教育是大学生素质教育不可或缺的重要组成部分，科学技术和人文素质教育的齐头并进、共同发展已经成为当代教育改革的趋势和要求。其重要性主要体现在以下几点：一、人文素质是人全面发展的基础。概括地讲，综合素质主要包括科学文化素质和人文素质，前者注重的是专业技能，而后者注重的是指导这种专业技能运用的思想。从这个意义上来讲，人文素质比科学文化素质更加重要。二、人文素质是时代发展的要求。在知识经济快速发展的今天，一方面学科分工越来越细化，文理学科相互渗透和融合越来越多，出现了交叉学科、横断学科、边缘学科等，这使科学技术的研究需要更多的人文元素的参与。三、人文素质是创新精神和创新能力培养的必然要求。创新是时代发展和社会进步的灵魂，是大学生必须要具备的基本能力之一。

（三）大学生人文素质培养的现状

我国的高等教育一直存在着"重理轻文"的倾向，改革开放以后人文素质教育得到了足够的重视，也进行了大力的建设。总体来说，高等学校大都已经具有加大人文素质教育的力度的意识，也都采取了相应的一些措施，取得了一定的效果。但目前，特别是理工科院校人文素质教育还有很多问题存在。主要表现有以下几个方面：（1）重视专业教育，把人文教育放在辅助性地位。有些院校以"唯就业论"为导向，认为只要把专业知识教好就可以顺利就业，而人文教育则是可有可无的。（2）软硬件设施不完备。硬件方面特别是一些偏科性的学校人文活动场所和设施缺乏，图书馆人文资料匮乏，不能满足学生对人文资料和人文知识的需求。软件方面，管理者和教师人文素质缺乏，在实际教学中不能对学生进行有效的人文引导。（3）学生人文素质不高，最突出的表现就是心理素质差，不能够正确处理人与人以及人与社会的关系。另外，还有一部分学生人文知识缺乏，审美能力低。

二、校园文化建设与大学生人文素质培养的关系

校园文化指的是学校所具有特定的精神环境和文化气氛，具有物质和精神两种形态。具体包括校园建筑设计、校园景观、校风、学风、集体舆论、心理氛围以及学校的各种规章制度和学校成员在共同活动交往中形成的非明文规范的行为准则等。校园文化为学生提供了良好的学习生活氛围，良好优质的校园文化不仅可以陶冶学生的情操、启迪学生心智，而且能够激发青年学生激情，引导青年一代追求独立的人格和高尚的道德。

校园文化的这些作用和特性表明其在人文素质培养中扮演着不可替代的角色，二者之间相互影响、相互作用。人文素质培养是校园文化建设的内容和手段，而校园文化建设历

来被认为是人文素质培养的重要途径。校园文化主要通过环境潜移默化的熏陶和影响对大学生的人文素质产生作用。具体表现如下。

（1）校园文化为学生人文素质的培养提供了良好浓厚的文化氛围，使学生在课堂上学到的人文知识不会被束之高阁，而是在现实生活中有了营养丰富的生存土壤，从而得到延续与发展，课堂知识在与校园文化的相通融合中，两者相互促进相得益彰，达到良好的人文教育效果。

（2）校园文化建设过程能够帮助学生直接参与到人文活动中来，学校举办的艺术活动以及学生社团的各类活动将学生作为文化建设的主体，在参与的过程中，学生加深了对人文知识的理解，特别是一些艺术活动可以引导学生对审美的关注，提高审美能力。

三、培育校园文化提高人文素质的途径与方法

要将人文素质教育落到实处，课堂教育和软的环境必须都必须采取有效措施，并且要有机结合起来，从软的环境教育方面来看，培育校园文化提高人文素质应从以下几方面努力。

（1）加强校园文化硬件设施建设，在校园的建筑设计、校园景观、道路命名等校园环境的点点滴滴中融入更多的人文精神。设立固定的人文和艺术的活动场所，方便举办校园文化活动和活动成果的展示，这些活动场所的设立不仅是相关活动开展的物质保障，更是校园文化的一个标志。

（2）建立和建设一些高校社团，组织开展形式多样的人文活动，如各种艺术节、演讲比赛、科技节、影展、文艺演出等。学生社团举办社团活动是开展人文素质教育的有效载体，在大学生素质教育中发挥着重要作用。可以让更多的同学参与到校园文化的建设中来，在这个过程中扩展人文知识，并将其内化为自身的人文修养。

（3）加大对学校优良传统、校风、校训以及在学校中涌现出来的典型事迹和优秀品质的宣传，开展以此为主题的活动，引导学生的参与和思考，加强学生的人文意识。形成一个良好浓厚的文化环境，并且让学生在此间担当主体，将规章制度和校园文化内化为学生的自觉意识。

（4）充分发挥网络等媒体在校园文化建设中的作用，利用校园网、高校论坛建立和维护一个良好的校园文化网络环境，提高校园文化的科技含量。加深学生对文化氛围的感受，促进交流与思考。充分发挥网络的正面效应，使学生在日常生活中不知不觉地受到人文知识的熏陶和人文道德的培育。

四、文化校园对大学生人文素质的影响

文化校园的功能是育人。唐人有诗云："山光悦鸟性，潭影空人心。"徜徉大学校园，与名人为伴，与书香同行，开阔视野，醇化心灵。"大学的历史和现实、大学的每一活动

机制、教师的一言一行都渗透着浓厚的人文教育，都培养学生的诚信、仁爱、自律、责任等现代人文素养，都激发学生自主学习、独立思考、勇于创新的自由本质。"文化校园是一种巨大的无声力量，它如"润物细无声"的春雨，能以最深刻、最微妙的方式进入大学生的心灵深处，并产生深远的影响。

（一）丰富大学生的人文知识

人文知识是人类文化的历史沉淀，是人的精神世界升华的源流，也是一个民族发展的历史与灵魂。人文知识是一个人具有人文素养的前提和基础，丰富的人文知识对于培养良好的人文意识具有重要的作用，可以丰富、加强意识的内容。大学生的人文知识除了从课堂获取外，更多的是从健康向上的文化校园中获得的。文化校园包含着大量的人文知识，大学生可以在有意识、无意识中获得这些知识。大学生可以利用图书馆、宣传栏、校园网等文化阵地参与各种校园文化活动来丰富人文认识；可以在与别人交往或观察别人中，将会获得如何恰当表达自己情感、如何待人接物等社交技能和生活经验；可以通过组建一些人文社团，如摄影、舞蹈、书法、文学、音乐等方面的协会，使大学生在人文氛围中增长知识、陶冶情操、塑造自我等。

（二）激发大学生的人文思维

人文思维是原创性思维的源泉。人文思维是发射性的形象思维，能够启发一个人的灵感。一件艺术品，不但可以看到艺术品背后真实的故事，而且还要感受到艺术本身给人的想象力，这种想象力是无限的思维空间，如果能够抓住一瞬间的直觉，也许就能带来科学上的发明创造。在文化校园中塑造环境艺术，不仅能够美化校园，更能通过艺术品本身匠心独运地构思启发学生的原创思维，开拓学生的思维空间。特别是现代科技文化艺术的展示不仅能给学生带来美的享受和现代科技气息，更能激发学生对科技知识的追求，开启学生科学创造的灵感。

（三）有利于大学生掌握人文方法

人文方法是人文思想中所蕴含的认识方法和实践方法。人文方法与科学方法不同，科学方法强调精确性和普遍适用性，是一种求真的方法、理性化的方法；人文方法则强调定性，强调体验，并与特定的文化相联系，是一种求善的、伦理化的思维方法，即如何通过有效途径达到为个人或社会谋利益的目的。人文思维必须通过人文方法来展现。文化校园中展示的各种文化，目的是启发人的人文思维。在这种人文思维的指导下，要求人不是简单地对传统人文知识简单的接受和照搬，而是对传统文化继承、吸收、消化来充实自己的精神世界，也就是说人通过各种文化的价值取舍，发展新的人文思维。这种文化价值的取舍就是人文方法。文化校园建设之所以重要就在于引导学生形成正确的人文思维，并指导自己的行动满足个人、社会、民族、国家的需要。

人文精神是人文知识化育而成的内在于主体的精神成果，它蕴涵于人的内心世界，是一种内在于主体的精神品格。人文精神，是人类最为高贵而奢侈的精神，是人类灵魂的家园，是维系人类社会牢固的纽带，也是人类走向永恒的文化保证。同样，如果文化校园不倡导一种人文精神，那么这个文化校园也就失去就其精神支撑。彰显人文精神是文化校园的特色，也是一个学校的人文优势，这种更具有激励作用和感召力的精神可能对学生一生的追求和行为准则构成不可磨灭的影响。人文精神只有通过文化校园的建设得以理解和深化，才能内化为大学生精神世界的一部分，变成对科学追求和人生追求的动力；也只有这种强大的精神动力，才能增强师生的凝聚力，为学校建设和发展带来生机与活力。

五、建设文化校园，提升大学生人文素养

文化是一种精神，是一种氛围，是一种价值导向。文化是引导人、激励人、鼓舞人的一种内在动力，是凝聚人心、鼓舞斗志、催人奋进的一面旗帜。应努力构建文化校园，以达成用文化养人、用文化造人之目的。

（一）凝聚人文精神的校园物质文化

校园物理环境是物质形态的文化载体。校园物理环境主要是指由学校的建筑物、文化设施、生态环境、班级环境以及各种徽章、标志、服饰等物质形态的环境所营造的校园文化。建筑是文化的沉淀。大学内的校舍建筑无论是古朴庄重的建筑风格，还是现代律动的设计思想，都透融着规划设计者的审美理想和审美品位。高校校园内的很多建筑在它们的功用性之外，自然也体现出学校的审美追求。而在那些有较长办学历史的学校，建筑更是凝聚了深厚的文化底蕴，也传达出比较深厚的人文精神。如美国东部的常春藤联盟，爬满古老校墙的常春藤象征着这些古老大学的长盛不衰的精神、传统和办学水平；北京大学的红楼，其中西结合的建筑风格，就是"兼收并蓄、博采众长"的北大办学理念的象征，成为北大人引以为自豪的景观，激励着一代又一代的北大学子。校园内的各式雕塑也从不同侧面生动形象地传达出了一种人文情怀，体现了"文以载道"的精神，远不仅是校园的点缀。舒适整洁的校园可以从整体上给人一种心灵的舒适感，还会使大学生在心里感到和谐宁静，陶冶大学生的性情，激发大学生的美感。教学楼、实验室等与教学相关的场所内外的语录、图画、实物等布置方式，以及校园里那些春兰秋菊、冬梅夏莲、苍松翠竹，都绝非可有可无，它们不仅美化着校园，也在更深的层次上，在点点滴滴中表现出育人的功能，要努力做到物质设施具有人文教育内涵，"让学校的墙壁也会说话"。

（二）展现人文风采的校园文化活动

如果说校园物化环境是一种相对静态的文化资源，那多姿多彩、充满活力的校园文化活动则是动态的、开放的、以学生为主体的文化资源了。各高校应通过积极开展健康向上、格调高雅、内容丰富的校园文化生活，吸引大学生主动广泛地参与，营造生动、健康的人文氛围，培养大学生的创造能力、组织能力和协调能力。如举办各种人文讲座、校园文化

节、科技节，读书沙龙、诗会、报社、影展、文艺演出等丰富的活动，吸引广大学生积极参与。这不仅丰富了大学生的业余生活，还开阔了大学生视野，活跃了大学生思维，陶冶了大学生情操，激发了大学生的想象力和创造力，也让他们在多姿多彩的校园文化活动中交流情感，学习互动，增强他们的社会责任感、历史使命感和人文情怀，将人文素质类课程中习得的人文知识整合、内化为人文精神。

（三）彰显人文关怀的大学精神文化

大学精神是基于对大学本质、大学特色、大学品牌、大学办学规律以及大学人对社会政治、经济、科技文化、教育等的深度认知，在办学实践中所形成的一系列价值观念和行为规范，是一所大学整体面貌、水平、特色、声誉及凝聚力、感召力、发展力和生命力的集中体现。大学精神文化是大学的灵魂，是最高文化价值的追求，是大学历久弥新的不竭动力和源泉，是实现大学发展的精神支撑。大学精神渗透在学校的学术思想、研究方法、学习风气以及工作特点方面，无处不有，无时不在。正如林语堂所说："文章有味，大学亦有味。味各不同，皆由历史沿袭风气之所造成，浸润熏陶其中者，逐染其中气味……"大学精神文化最基本、最重要的内涵之一就是人文精神。培育现代大学的人文精神，就是要弘扬人的主体性和价值，在校园内营造自由和民主的浓厚氛围，处处体现出人文关怀。作为学术上的民主要求学术平等、学术宽容，坚持在真理和学术面前人人平等，大学的各种事务都要公正、公平和公开，要体现人文关怀，体现平等和正义，让学生感受到大学的尊严、大学的神圣。而大学精神的形成很大程度上要靠校训去引导、凝聚和涵养。校训是把校魂注入每个不同的个体，起着支撑精神世界、重铸灵魂的作用。如东南大学百年校庆恢复"止于至善"的校训，寓示做人做事追求尽善尽美，永不停止。

（四）尊崇以人为本的大学制度文化

制度也是文化，是大学文化的外在表现，不同的制度蕴涵着不同的价值观念和发展理念，为人的活动提供不同的现实可能空间，科学有效的制度体系又反过来培育和营造大学文化。学校制度制定得合理与否以及执行得公平与否，有时是作用很大的隐性课程，其影响是巨大的。"由于历史和文化传统的原因，中国的大学长期运行于行政权力主导的环境中，大学缺乏相对独立性，缺少办学自主权。可以说，中国大学的内部管理体制以及权力结构不是基于学术发展的目的而自发形成的，而是由行政性的体制及其运行机制所赋予的。行政权力的泛化和强化导致大学组织内部权力的结构性失衡，学术功能受阻。"大学制度建设的基本价值取向就是要坚持以人为本，即意味着大学制度的设计、安排和运行要以现实以人为中心，体现人文关怀。校园制度的制定反映师生的切身利益；执行过程中要公正、公平、公开；同时要营造民主的校园氛围，让广大师生积极参与学校管理，自觉地约束规范自身言行，从而促进其身心的健康发展。另外，完善的校园制度，不应该仅挂在墙上或记录在纸上，更应该表现在每个人的行为上，应该深印于每个人的心中。为此，在完善校园制度的同时，更要花大力气进行制度的宣传和教育，让这些刚性的制度、规范，在潜移默化中成为学生形成良好行为习惯的"矫正器"。要以健全的文化制度规范学生，促使他们的行为由被动变主动，由他律变自律，最终内化为一种良好的人文素养，养成高尚、规范的道德行为。

（五）创设散发人文气息的校园人际氛围

在大学，同学关系和师生关系是人际关系的主体。大学生们离开父母，开始了真正意义上的独立生活。他们带着各自的生活方式、思维方式和行为方式来到大学校园，在新环境中相互交融、彼此撞击，不断地改变或矫正着旧有的生活方式、思维方式和行为方式。由于学生们朝夕相处，他们从人际关系这个潜课程中学到的东西有时甚至超过了正式课程。基于隐性课程的视角看，师生关系在教学中主要表现在教师在教学活动中形成的言传身教、以悟导悟的特殊作用，他们形成了教书育人的一种特殊氛围，在潜移默化中影响着学生。当教师与学生一起深入了解科学家的发明过程及其人生体验的时候，凝聚和包容在科学研究成果之中的人文精神得到挖掘和凸显；当师生共同深入社会生活观察和体察社会现象的时候，渗透在生活现象之中的人文精神即得到显现；当师生之间建构一种交往互动的和谐师生关系的时候，师生之间便生成了一种活生生的人文精神。

（六）培育健康向上的人文网络文化

网络的高速发展已经使教育越来越具有开放性，同时也为人文教育提供了新的机遇和广阔的发展空间。大学生通过网络能开阔视野，感受到自己无法亲身经历的情理。从理论创新到生活点滴，从新闻宣传到民间舆论，从轰动事件到先进人物，使学生在不知不觉中提高鉴别是非的能力，提升文化品位和道德修养。通过网络信息，还能使学生增长人文知识，弘扬社会正气，塑造美好心灵。高校可在校园网上开辟"人文论坛"，定期与大学生进行交流，及时了解其人文现状。同时，教师要利用校园网进行人文方面的网上教学，引导社团设立自己的网站，锻炼大学生利用校园网进行自我管理、自我服务、自我教育。总之，大学应积极地进行互联网、校园网和人文网建设，充分发挥网络的正面效应，使大学生足不出户就能受到人文知识的熏陶和人文道德的培育。

大学的人文素质教育是培养学生自尊、自信、自立、自强的人生态度的有效途径。文化校园的建设对当代大学生人文素质的养成起着极其重要的作用，高校应努力创建文化校园，从而提升大学生的人文素质，使学生成为具有全面素质的高素质人才，符合社会对人才的需求。

第四节　大学生美好生涯设计

当今知识经济时代，人才竞争日益激烈。大学生的"就业难"问题也摆在了日益突出的位置上。这种现象的背后隐藏了一个重要原因就是大学生在选择自己的职业方向时出现了偏差和失误，大学生就业问题日益严峻。那么科学的职业生涯设计能为大学生就业以及职业发展指明方向。

一、大学生职业生涯规划的现状

（一）职业生涯规划意识淡薄

大学阶段是职业生涯规划的黄金阶段，必须要尽早确定自己的职业目标，选择自己职业的发展地域范围，把握自己的职业定位。但是许多大学生职业生涯规划观念普遍淡薄，求职期望过高，对自己素质能力的评价往往和招聘单位的评价不吻合，忽视职业生涯规划。认识自我意识淡薄，缺少感性认识和理性认识。侧面反映我国目前教育体系中职业生涯规划和辅导工作的薄弱。

（二）职业生涯规划制度不完善

我国的高等教育有其历史特殊性，使得绝大多数高校并没有成立专门的职业生涯规划的教育机构。目前，许多毕业生只依靠就业指导中心，这些从事高校的职业生涯规划教师一般来源于学校、党政部门或辅导员。他们缺乏相应的专业知识、技能和经验，对职业生涯规划指导内容更多的指向升学与就业形势，缺乏理论联系实际的思想，缺少个性化指导，案例分析不够充分，提高不了学生的参与性与积极性，过多地依赖理论，缺少实践培养。

（三）缺少职业生涯规划的指导

传统观念、社会舆论导向及不良风气影响学生进行职业生涯设计的热情。很多学生在选择专业都是根据社会上的热门专业、家长的要求选择的专业。很多学生家长的传统观念误区：认为稳定的工作如国家企事业单位是最好的，不鼓励子女选择民营企业、自主创业。这在很大程度上影响了子女进入大学后学习目标的确立，对于就业、人生发展没有任何主见。

近几年来，由于毕业生就业难的现象客观存在，各类媒体就对其片面夸大，提出"毕业等于失业""大学生不如农民工"等观点，对学生就业进行误导，导致少部分毕业生出现严重就业心理问题，对择业充满恐惧，对未来职业发展丧失信心，甚至有极个别毕业生选择自杀来逃避压力。

二、加强大学生职业生涯规划的策略

要解决大学生职业生涯设计中存在的若干问题，必须进行多角度思考，探索出不同问题的解决对策。

（一）帮助大学生树立正确的职业生涯设计观念

对于大学生自身的认识误区而言，社会和高校首先要帮助大学生树立正确的态度。在学生进行职业生涯设计时，进行有针对性的指导，帮助毕业生树立从基层做起的观念，将其自我认知与职业环境、自身条件结合起来确立切实可行的大学学习目标和职业目标，避免好高骛远的情况出现，同时高校职业生涯设计指导教师要定期对学生职业生涯设计的实施情况进行评估，指导大学生进行与职业目标相关的社会实践、兼职活动，促进大学生学习目标的完成以及职业目标的修订。

（二）高校应加强职业生涯服务意识，完善职业生涯设计教育体系

建议高校建立大学生职业生涯教育中心，将原有的就业指导中心更名为"职业生涯设计和就业中心"。此中心必须肩负职业生涯设计整体实施。

高校同时要开展全程化的职业生涯设计教育，根据不同年级开设不同的内容，将职业生涯规划意识贯穿于大学教育的始终。从基础、适应、自我认知、了解职业分类、专业入门及前景展望等内容，到参加社会实践指导、进行各项职业测评、客观认识自我、评估职业机会、确立职业目标；通过就业形势及政策指导、择业心理教育、职业生涯设计的评估及反馈来帮助大学生做职业生涯设计。只有建立在科学、理性基础上的指导课程才能真正对学生起到引导作用。

此外，各高校要建立素质测评系统，通过科学化的测量，让学生对职业能力、人格、兴趣能方面有更加客观的认识和评价。

（三）强化大学生职业生涯设计指导教师的队伍建设，创新教学方法

逐步建立起一支专业化、职业化、专家化的大学生职业生涯设计指导专职教师队伍，通过培训、业务学习以及教学研究逐步提高专职教师的业务水平。结合课程特点在教学方法上大胆采用案例教学法、情景模拟法、头脑风暴法等教学方法，做到授课灵活、有针对性。

大学职业生涯规划是一个复杂的过程。职业生涯规划不仅需要自我意识的提高，还要转变意识模糊的职业生涯规划理念、加强职业生涯规划教育指导、深化职业生涯规划教育改革、建立一支高素质的师资队伍。另外职业生涯规划还应该要从低年级抓起，从新生入学就要进行专业的培养，这样学生才能德智体美全面发展，学生的目标才能实现，也能促进高校的可持续发展，提高竞争力。

（四）加强舆论正确引导，从高中开始传授职业生涯设计理念

在科学发展观的指导下，对于大学生就业的评价要遵循客观、公正的原则，有关部门应作出相关规定，对于大学生就业报道的内容应真实、可靠，如有虚构相关人员应承担法律责任。鉴于高中毕业志愿的选择会影响到大学学习以及毕业后职业的选择和发展，建议从高中阶段就传授职业生涯设计理念，增强专业选择方面指导，帮助高中毕业生了解社会需求，选择理想专业。

大学生作为我国优质人力资源，其职业生涯设计问题也日益受到社会关注。在严峻的就业现实情况下，大学生职业生涯设计会出现一些新的问题，使得对于新问题的探讨具有更多的实践意义。

结束语

    大学生是社会主义现代化建设的主力军，提高大学生的人文素养，有助于建设和谐主义社会。人文素养发展对策如下。

    （1）改革课程结构，开展人文科学课程。传统的课程教育结构给学生们提供的学习有关人文素养知识的课程渠道较少，这在一定程度上制约了人文素养的发展。学校应该在专业课外提供给学生们更多学习人文科学的课程选择，在课程要求上提升人文科学课程的比重，让学生们认识到人文知识的重要性。

    （2）严格行为要求，开展社会公益实践。人文素养在一定程度上体现在一个人的日常行为中，通过各种规章与纪律条款对学生的行为进行要求，可以对个人行为起到约束作用。同时实践是提升个人能力的一种有效方式，各种社会实践以及社会公益实践不仅有利于个人的内在精神修养的提高而且对个人的外在行为也有很大的提升。

    （3）学校培育高素质教师，加强人文思想教育。人在社会化的过程中，周围环境对个人的影响巨大，其中父母与老师是个人的家庭生活和学校生活的重要角色，大学生活中教师对学生起着重要的作用，因此高素质的人文思想教育的教师可以在学生的学习过程中从多方面提升学生的人文素养。